by Jon Griffin

A unique introduction to playing and understanding this traditional Cuban instrument.

To access audio visit:
www.halleonard.com/mylibrary

Enter Code
"4516-4738-2015-3761"

ISBN 978-0-8256-3324-9

Copyright © 2006 Amsco Publications,
A Division of Music Sales Corporation

No part of this publication may be reproduced in any form or by any means without the prior written permission of the Publisher.

Visit Hal Leonard Online at
www.halleonard.com

Contact us:
Hal Leonard
7777 West Bluemound Road
Milwaukee, WI 53213
Email: info@halleonard.com

In Europe, contact:
Hal Leonard Europe Limited
42 Wigmore Street
Marylebone, London, W1U 2RN
Email: info@halleonardeurope.com

In Australia, contact:
Hal Leonard Australia Pty. Ltd.
4 Lentara Court
Cheltenham, Victoria, 3192 Australia
Email: info@halleonard.com.au

Cover Design: Sera Yoon
Project Editors: Ed Lozano and Felipe Orozco
Interior Design: Sol & Luna Creations

Recording Credits:
Jon Griffin: Tres, Guitar
Carlos Domínguez: Acoustic & Electric Bass
Robert Fernández: All Percussion, Marímbula

Model: Aaron Halva from Nu Guajiro (www.moguajiro.net)
The tres for the photo shoot was made in Puerto Rico by Rafael Rosado

Table of Contents

Contenido

Track List

Lista de Pistas

1. Intro 1 in Am
2. Intro 2 in Am
3. Intro 1 in C
4. Intro 2 in C
5. Montuno 1
6. Montuno 2
7. Montuno 3
8. Montuno 4
9. Montuno 5
10. Montuno 6
11. Montuno 7
12. Montuno 8
13. Montuno 9
14. Montuno 10
15. Montuno 11
16. Piano Montuno 1
17. Piano Montuno 2
18. Piano Montuno 3
19. Piano Montuno 4
20. Piano Montuno 5
21. Piano Montuno 6
22. Piano Montuno 7
23. Piano Montuno 8
24. Piano Montuno 9
25. Piano Montuno 10
26. Piano Montuno 11
27. Piano Montuno 12
28. Nengón 1
29. Nengón 2
30. Nengón 3
31. Changüí 1
32. Changüí 2
33. Changüí 3
34. Changüí Ending
35. Kiribá
36. Sucu Sucu 1
37. Sucu Sucu 2
38. Sucu Sucu in Gm
39. Tonada 1
40. Tonada 2
41. Punto Libre in G
42. Punto Libre in C
43. Yo Soy Guajiro
44. Parranda 1 in F# Minor
45. Parranda 2 in E Minor
46. Cha-cha-chá 1
47. Cha-cha-chá 2
48. Mambo 1
49. Mambo 2
50. Son Guanaja
51. Son (de la Loma)
52. Son in E♭
53. Son El Yuma
54. Son in Am 1
55. Son in Am 2
56. Son in Am 3
57. Son in Am 4
58. Son in Am 5
59. Son de Guantánamo
60. Guantanamera in C
61. Guantanamera in G 1
62. Guantanamera in G 2
63. Guajiro Son
64. Son Ensemble
65. Sucu Sucu Ensemble
66. Son Guajiro Ensemble
67. Nengón Ensemble
68. Kiribá Ensemble
69. Changüí Ensemble
70. Descarga Ensemble
71. Punto Guajiro Ensemble

Acknowledgements

Like any project, this book could not have been completed without the help of many people. I hope that I don't miss anyone, but if I do, please accept my sincere apologies for not including you.

- Ed Lozano for allowing this book to happen.
- Ron Fernandez for his help in proofreading and keeping me going on the book.
- Robert Fernandez for proofreading and his knowledge of Cuban percussion.
- Robert Sink for transcribing my many working tapes without which I probably would've never finished this project.
- Giovanni Cofiño for all his help in Cuba.
- Dr. Olavo Alén Rodríguez at CIDMUC, for all his time, enthusiasm, and ethnomusicological wisdom.
- My wife Luisa for her patience and translation help.
- *Mi preciosa hija* Helen for allowing me a few minutes a day to work on this.

Agradecimientos

Al igual que cualquier proyecto, este libro no se podría haber completado sin la ayuda de muchas personas. Espero que no se me olvide ninguna, pero en caso de hacerlo, acepten por favor mis más sinceras disculpas en caso de no incluirlos.

- *Ed Lozano por hacer posible que se realizara este libro.*
- *Ron Fernández por su ayuda editorial y animarme para seguir adelante con el libro.*
- *Robert Fernández por su ayuda editorial y por sus conocimientos de percusión Cubana.*
- *Robert Sink por transcribir la gran cantidad de casetes para este trabajo, sin los cuales probablemente nunca hubiera terminado este proyecto.*
- *Giovanni Cofiño por toda su ayuda en Cuba.*
- *Dr. Olavo Alén Rodríguez en el CIDMUC, por todo su tiempo, entusiasmo y sabiduría etnomusicológica.*
- *A mi esposa Luisa por su paciencia y ayuda al traducir.*
- A mi preciosa hija *Helen por concederme algunos minutos cada día para trabajar en este proyecto.*

History of the Tres Cubano

The first thing to understand about the *tres* is that it is a rhythm instrument. Even though it looks like a guitar, the actual playing of it is rhythmic with melodic lines and/or *ostinato* (themes that repeat) patterns. Chords are seldom "strummed," and, in many styles, the tres supports the melody line by playing a countermelody at *intervals* of a third or a sixth above, with rhythmic fills in between. (An *interval* is the distance between two notes).

Historia del Tres Cubano

Lo primero que hay que entender sobre el tres, *es que es un instrumento rítmico. Aunque se parece a una guitarra, la manera en que se toca, es de una forma rítmica con líneas melódicas o patrones de* ostinato *(temas que se repiten). Los acordes en pocas ocasiones se "rasguean". En muchos de los estilos, el tres apoya la línea melódica al usar una contramelodía opuesta en intervalos de una tercera o sexta por encima de la línea melódica, utilizando* rellenos *rítmicos entre las dos líneas melódicas. (Un* intervalo *es la distancia entre dos notas).*

The origins of the first instrument and, subsequently, the development of the tres, is still questionable. In order to fully understand the history of this instrument, I have transcribed a conversation I had with Dr. Olavo Alén Rodríguez at the Centro de Investigación y Desarrollo de la Música Cubana in Havana, Cuba. This interview took place in November 2003.

Jon: *When was the tres born?*
Olavo: Musical instruments aren't born at a certain time like human beings. They begin by forming a new type of musical instrument and that doesn't happen in only one place. It happens in different places at the same time.

So, the most accurate information that can be obtained for the Cuban tres is that it was born in the eastern, or Oriente, part of the country in the area of the Sierra Maestras. The time period was around the mid to late eighteenth century, and the tres is considered to have the same ancestry as the Spanish guitar.

The big difference between the tres and the traditional Spanish guitar is neither in the shape nor the size. Like the guitar, it is a plucked stringed instrument. The major difference is in the playing of the instrument. The tres is a plucked stringed instrument that is played like a drum. You almost never play chords on a tres. You can do it, but that is not the traditional way to play the tres.

Los orígenes del primer instrumento, y posteriormente, el desarrollo del tres, siguen cuestionándose. Para obtener una comprensión total de la historia de este instrumento, he transcrito una conversación que tuve con el Dr. Olavo Alén Rodríguez en el Centro de Investigación y Desarrollo de la Música Cubana en La Habana, Cuba. Esta entrevista tuvo lugar en noviembre del 2003.

Jon: ¿Cuándo nació el tres?
Olavo*: Los instrumentos musicales no nacen en un momento determinado como los seres humanos. Comienzan cuando se forma un nuevo tipo de instrumento musical y eso no ocurre únicamente en un solo lugar. Ocurre en diferentes lugares al mismo tiempo.*

Por lo tanto, la información más correcta que se puede obtener sobre el tres cubano es que nació en la parte este, u oriente, de Cuba en la zona de Sierra Maestra. Esto se dió a mediados o finales del siglo XVIII. Se considera que el tres tiene la misma ascendencia que la guitarra española.

La diferencia mayor entre el tres y la guitarra española tradicional no se encuentra ni en el tamaño ni en la forma. Como la guitarra, es un instrumento de cuerda en el que se pulsan o tocan esas cuerdas. La diferencia más importante está en la forma de tocar *el instrumento. El tres es un instrumento de cuerda que se toca pulsando esas cuerdas pero que se toca como un tambor. Casi nunca se tocan acordes en el tres. Se puede hacer, pero esa no es la manera tradicional de tocar el tres.*

What would you play? (Sings rhythm) Tat, ta, tat, ta, ta, tat, you can bring that to a drum... Or the other way around. It's like doing a polyrhythmic effect with the whole thing. That is the concept of playing with drum ensembles.

Jon: *And probably somebody had a guitar with only three strings, or three courses of strings?*
Olavo: Exactly, and probably that happened in different ways in different places at about the same time, until they all agreed that this is now a new instrument, or someone said, "that is not a guitar." Or, he was using a guitar for another purpose; for example, an instrument was missing and the part was played on the guitar and he said, "I have too many strings," so he took some away and then doubled them. I don't know how it came to be and I don't think anybody knows. At that time, people weren't interested in looking for that kind of [ethnomusicology] thing, and they didn't have any way to record it. That is the most accurate information that we have.

¿Qué se tocaría? (Canta el ritmo) Tat, ta, tat, ta, ta, tat, *eso se puede adaptar a un tambor... o viceversa. Es como hacer un efecto polirrítmico con todo. Es el mismo concepto de tocar en conjuntos de percusión.*

Jon: Y probablemente ¿alguien tenía una guitarra con sólo tres cuerdas o tres grupos de cuerdas?
Olavo: *Exacto, y probablemente ocurrió de formas diferentes en lugares distintos casi al mismo tiempo, hasta que todos estuvieron de acuerdo en que se trataba de un nuevo instrumento, o alguien dijo, "eso no es una guitarra". O alguien usaba una guitarra para otro propósito; por ejemplo, faltaba un instrumento y esa parte se tocaba en la guitarra y dijo, "Tengo demasiadas cuerdas", así que sacó algunas y duplicó las restantes. No sé cómo se llegó a eso y creo que nadie lo sabe. En esa época, la gente no estaba interesada en buscar ese tipo de cosas [etnomusicología] y no tenían ninguna manera de anotarlo. Ésa es la información más correcta que tenemos.*

Styles

When talking about styles of music, one must remember that many things are named incorrectly. For example, "Guajira Guantanamera" is not a *guajira*, it simply has the title "guajira" so popularly it is called a *guajira*. Other examples are *changüís* that many times are really just *son montunos* played by someone from Guantánamo.

I will describe the historical differences as well as the popularized meanings where applicable. Note also that the references given are generally played in a modern ensemble context.

It should also be noted that in most cases the music exists for the dancers, not the other way around. This really emphasizes the fact that the music is highly fluid and dynamic, and that improvisation is the rule in most styles.

Son Family

Nengón, Changüí, and Kiribá

Nengón is a very old style that was really a precursor to both *changüí* and *son montuno*. Originally, the *nengón* was from the Sierra Maestras, and later became the son in Santiago de Cuba and the *changüí* in Guantánamo.

So one of the main questions people have is: when can we say that we are playing changüí and not nengón? The short answer is that you are playing *changüí* once the ensemble consists of these four musical instruments: marímbula, bongó, tres, güiro (or guayo), and a singer(s).

Nengón had certain characteristic rhythmic patterns before the *changüí* ensemble was created. These patterns are simpler, but related to what people call *changüí*. In other words, the main difference is in the ensemble instrumentation, not in the rhythmic patterns.

A more realistic answer that most musicians would give is that *changüí* is a style with both the bongó and tres playing very syncopated while the guayo (or güiro) plays on the downbeats. As we saw above though, the fine dividing line is really the ensemble instrumentation.

So, now that we know historically what the nengón is, what instrumentation does it use?
The *nengón* was played with a *tingotalango* (or *tumbandera*). Basically the *tingotalango* is made from a tree which has a rope tied to it and pulled down. The other end is then tied to a rock in a hole, functioning as a contrabass.

Later, of course, the marímbula became the instrument of choice, as it was not very convenient to find a tree, bend it, make a hole, etc. And even later on, the bass or contrabass replaced the marímbula. The marímbula is still in use today for recording and there is even a concert marímbula that is used in an orchestral context.

Modern *nengón* is played with a *changüí* ensemble but that is not historically correct. It is played that way mainly

Estilos

Cuando se habla de estilos de música, debemos recordar que muchas cosas se nombran incorrectamente. Por ejemplo, " guajira guantanamera" no es una guajira, *simplemente tiene el título de "guajira" por lo cual popularmente se le conoce como una guajira. Otros ejemplos son los* changüíes *que en muchas ocasiones realmente sólo se trataba de sones montunos tocados alguien de Guantánamo.*

Explicaré las diferencias históricas así como los significados populares cuando sea pertinente. Observe también que las referencias que se dan, por lo general se tocan en un contexto de conjunto moderno.

Debe señalarse también que en la mayoría de los casos la música existe para los bailarines y no al revés. Esto realmente enfatiza el hecho que la música es muy fluida y dinámica y que la improvisación, suele ser la regla en la mayoría de los estilos.

La Familia del Son

Nengón, Changüí y Kiribá

El nengón *es un estilo muy antiguo que fue realmente el precursor tanto del* changüí *como del* son montuno. *Inicialmente, el* nengón *era de la Sierra Maestra, y después se convirtió en el son en Santiago de Cuba y en el* changüí *en Guantánamo.*

Así que una de las preguntas principales que la gente tiene es: ¿cuándo podemos decir que estamos tocando changüí y no nengón? La respuesta corta es que estás tocando changüí una vez que el conjunto consiste de estos cuatro instrumentos musicales: marímbula, bongós, tres, güiro (o guayo) y un cantante o cantantes.

El nengón *tenía ciertos patrones rítmicos característicos antes de que se creara el conjunto de* changüí. *Estos patrones son más simples, pero relacionados con lo que la gente llama* changüí. *En otras palabras, la diferencia principal está en la instrumentación del conjunto, no en los patrones rítmicos.*

Una respuesta más realista que la mayoría de los músicos darían sería que el changüí *es un estilo con ambos los bongós y el tres tocando de forma muy sincopada mientras que el guayo (o güiro) toca en los tiempos fuertes. Como vimos anteriormente, sin embargo, la sutil línea divisora es en realidad la instrumentación del conjunto.*

Así que ahora que sabemos lo que el nengón es históricamente, ¿qué instrumentación usa?
El nengón *se tocaba con un* tingotalango *(o* tumbandera*).* *Básicamente el* tingotalango *se hace de un árbol que tiene una cuerda atada y se baja. El otro extremo se ata a una piedra en un agujero, esto hace que este instrumento funcione como contrabajo.*

Más adelante, por supuesto, la marímbula llegó a ser el instrumento preferido, ya que no era muy conveniente encontrar un árbol, doblarlo, hacer un agujero, etcétera. E incluso más adelante, el bajo o contrabajo reemplazó a la marímbula. En la actualidad, la marímbula todavía se usa en grabaciones e incluso existe una marímbula de concierto que se usa en un contexto de orquesta.

El nengón *moderno se toca con un conjunto de* changüí *pero eso no es correcto históricamente hablando. Se toca de esa*

because the instruments are readily available. The correct way to play *nengón* is to create a tingotalango, beat on something (if there isn't a bongó) and sing on top of that. Most authentic *nengónes* from the Sierra Maestras have only those three elements.

And what is kiribá?
Kiribá is a style of son from a different area of Cuba, mostly the Baracoa area, which is the *changüí* area. In fact, where the fusion of *kiribá* and *nengón* took place is where *changüí* was invented and where *nengón* evolved into *son*.

Guajira

Guajira, as used in popular music terminology, is not really a style but a type of *son*. Joseito Fernandez popularized it with the classic "Guajira Guantanamera." It was a term that city people used when referring to country folks, or *guajiros*, and their lives. In fact, Joseito Fernandez had never visited Guantánamo until 1965. It is incredible, but true, that the author of arguably the most famous Cuban song had never been outside of Havana, much less to Guantánamo.

That said, there is a style called *guajira* (which really belongs in the *canción*, or "song," genre along with *criolla*, *trova*, and *bolero*) that is unlike what you will be expected to play when someone asks for a *guajira*. It is played in $\frac{6}{8}$ time signature, and has no real roots in son. What people popularly call *guajira* is just a slight variant of *son*. Even though it is in $\frac{2}{4}$ time signature, there are fragments of phrases, especially during improvisation, that are played in $\frac{6}{8}$. There is also what is called the *guajira tumbao*, which is another attempt at creating a $\frac{6}{8}$ feel inside of the $\frac{2}{4}$ structure.

Sucu Sucu

Sucu sucu is a variation of *son* from Cuba. It originated on the Isla de Juventud (Isle of Youth, formerly the Isle of Pines), and like *changüí*, it was originally a fiesta, or party style, not a musical style. It is played with tres, bass (or marímbula), machetes, güiro, maracas, campana (cowbell), bongó, and conga.

Currently Mongo Rives plays *sucu sucu* although he calls it *sucu suco*.

Son

Son, in the common usage, is the umbrella style for Cuban music, along with *son clave*. As a practical point, you can think of son as playing *montuno* with clave. Most musicians confuse son and son montuno. The only difference, as described below, is the addition of a "montuno" section.

Son Montuno

Son montuno is differentiated from *son* by the addition of the "montuno" section. Basically the *son* part is the verse and theme of the song. Then the "montuno" section follows, and is generally a repeating pattern where solos and vocal improvisations occur.

forma, porque los instrumentos están muy disponibles. La forma correcta de tocar el nengón es crear un tingotalango, golpear algo (si no hay bongós) y cantar por encima de eso. La mayoría de los nengones auténticos de la Sierra Maestra tienen solamente estos tres elementos.

¿Y qué es kiribá?
El kiribá es un estilo de son de una zona diferente de Cuba, mayormente la zona de Baracoa, que es la zona del changüí. De hecho, en el lugar en el que ocurrió la fusión de kiribá y nengón es donde se inventó el changüí y donde el nengón dio paso al son.

Guajira

Guajira, *como se usa en la terminología popular de la música, no es realmente un estilo sino un tipo de son. Joseito Fernández lo popularizó con el clásico* Guajira guantanamera. *Era un término que la gente de la ciudad usaba para referirse a las personas procedentes del campo, o* guajiros, *y las vidas de éstos. De hecho, Joseito Fernández nunca había visitado Guantánamo sino hasta 1965. Parece increíble, pero es cierto, que el autor de la que podría denominarse la canción cubana más famosa, nunca hubiera salido de La Habana, y mucho menos ido a Guantánamo.*

Habiendo dicho esto, sí hay un estilo llamado guajira *(que realmente pertenece al género de la* canción, *junto con la* criolla, trova *y* bolero*) que no es lo que se espera que se toque cuando alguien pide una* guajira. *Se toca con un compás de* $\frac{6}{8}$ *y sus raíces verdaderas no radican en el* son. *Lo que la gente popularmente llama* guajira *es sólo una pequeña variante del son. Aunque está en un compás de* $\frac{2}{4}$, *hay fragmentos o frases (en especial durante la improvisación), que se tocan en* $\frac{6}{8}$. *También existe lo que se llama* guajira tumbao, *que es otro intento de crear una sensación de* $\frac{6}{8}$ *dentro de la estructura del* $\frac{2}{4}$.

Sucu sucu

Sucu sucu *es una variante del* son *de Cuba. Se originó en la Isla de la Juventud (anteriormente conocida como la Isla de los Pinos), y como el* changüí, *originalmente era un estilo de fiesta y no un estilo musical. Se toca con tres, bajo (o marímbula), machetes, güiro, maracas, campana, bongós y conga.*

En la actualidad Mongo Rives toca sucu sucu *aunque lo llama* sucu suco.

Son

Son, *en el uso común, es la agrupación general de estilos de la música cubana, junto al* son clave. *De una forma practica, se puede pensar en el* son *como tocar un* montuno *con clave. La mayoría de los músicos confunden* son *y* son montuno. *La única diferencia, como se describe a continuación, es la añadidura de una sección de* montuno.

Son montuno

Son montuno *se diferencia del* son *por la añadidura de la sección de* montuno. *Básicamente la parte del* son *es la estrofa y el tema de la canción. Luego le sigue la sección de* montuno, *que generalmente se trata de un patrón repetitivo en donde ocurren los solos y las improvisaciones vocales.*

This style does not generally follow the A–B–A–B form that European/American music generally follows. Instead, it is A–A–A–B or some variant, with the B section being the "montuno" section.

As a player, you will hear a shift in the percussion parts as the conga player starts playing two drums and the *timbalero* shifts to bells. Also, the bongó player switches to his *cencerro*, or cowbell. At the same time, the tres player generally plays a pattern vastly different from the *son* part. Of course, this depends on the harmony of the song.

Guaracha

Guaracha is an *urban son* that has nothing to do with the country. It is generally faster in tempo and the lyrics are, for the most part, humorous. Other than that it is basically a *son montuno*.

Punto Guajiro

Punto guajiro is a separate genre that developed spontaneously in the rural areas of western and central Cuba. It is known, along with *zapateo*, primarily as party music. *Tonada, punto fijo, punto libre*, and *seguidilla* are very well-known examples of this music in the rural areas. You will also notice that many genres are called simply by the names of the regions where they come from; for example, *punto pinareño* (Pinar del Río), *punto spirituano* (Sancti Spíritus), or *punto camagüellano* (Camagüey).

You can think of this party music in three ways:

1. In the eastern part of Cuba, you went to a *changüí*.
2. In the cities, like Havana and Matanzas, you went to a *rumba*.
3. In the rural parts of western and central Cuba, you went to a *punto*.

These are the three names for a party; and of course, at a rumba you played *rumba*, at a *changüí* you played *changüí* and at a punto you played *punto*. This is how the styles were spontaneously created and named.

Some examples of these "parties" are *guateque*, which is the oldest of these parties and is a reunion of musicians and dancers, and includes making food and playing games; and *parranda*, which only exists in the provinces of Cienfuegos, Sancti Spíritus, and Ciego de Avila, and has a separate instrumentation from the other genres.

Generally the instrumentation is as follows:

Western Provinces	Central Provinces	Parranda
laúd	tres	tres
tres	guitar	guitar
guitar	sometimes laúd	clave
claves	claves	güiro
maracas	güiro	maracas
tumbadora (congas)	maracas	bongó
sometimes bongó	bongó	machete
marímbula or bass	tumbadora (congas)	marímbula
timbales	cencerro	violin
	marímbula or bass	

Este estilo generalmente no sigue la forma A–B–A–B que generalmente sigue la música europea y estadounidense. En vez de eso, es A–A–A–B o alguna variante, en el que la sección B es la sección del montuno.

Al tocar, oirá un cambio en las partes de la percusión, cuando el conguero comienza a tocar con dos tambores y el timbalero *cambia a las campanas. El bongosero también cambia su papel al usar su* cencerro. *Al mismo tiempo, el tresero generalmente toca un patrón bastante diferente al de la parte del son. Todo esto depende, por supuesto, de la armonía de la canción.*

Guaracha

La guaracha *es un son urbano, que nada tiene que ver con el campo. Suele estar en un ser* tempo *más rápido de y las letras son, generalmente, de carácter ligero y gracioso. Aparte de eso, es básicamente un* son montuno.

Punto guajiro

Punto guajiro *es un género aparte que se desarrolló de forma espontánea en las zonas rurales del occidente y el centro de Cuba. Se conoce, junto al zapateo, principalmente como música de fiesta.* Tonada, punto fijo, punto libre *y* seguidilla *son ejemplos muy conocidos de esta música en las zonas rurales. Se podrá observar también que muchos géneros se llaman simplemente por los nombres de las regiones de donde proceden; por ejemplo,* punto pinareño *(Pinar del Río),* punto espirituano *(Sancti Spíritus), o* punto camagüellano *(Camagüey).*

Se puede pensar en este tipo de música de fiesta de tres maneras:

1. *En la parte Este de Cuba, se iba a un al* changüí.
2. *En las ciudades como La Habana y Matanzas, se asistía a una* rumba.
3. *En las zonas rurales de la parte oeste y central de Cuba, se iba a un* punto.

Éstos son los tres nombres que se les dan a las fiestas; y, por supuesto, en una rumba se tocaba la rumba, *en un changüí se tocaba* changüí *y en un punto se tocaba* punto. *Es así cómo los estilos se crearon y tocaron espontáneamente.*

Algunos ejemplos de estas fiestas *son: el* guateque, *que es la más antigua de estas fiestas y es una reunión de músicos y bailarines, que incluye la preparación de comida y juegos; y* parranda, *que sólo existe en las provincias de Cienfuegos, Sancti Spíritus, y Ciego de Ávila, y tiene una instrumentación diferente de los otros géneros.*

La instrumentación, por lo general es la siguiente:

Provincias Occidentales	*Provincias Centrales*	*Parranda*
laúd	*tres*	*tres*
tres	*guitarra*	*guitarra*
guitarra	*en ocasiones laúd*	*clave*
claves	*claves*	*güiro*
maracas	*güiro*	*maracas*
tumbadora (congas)	*maracas*	*bongós*
en ocasiones bongós	*bongós*	*machete*
marímbula o bajo	*tumbadora (congas)*	*marímbula*
timbales	*cencerro*	*violín*
	marímbula o bajo	

Also, the singer always sings in *decima*, which is a form of poetry that consists of ten syllables per stanza.

Punto Libre

Punto libre is probably the most recognizable form of punto and is characterized by the band playing a *motif* or riff which, upon completion, is followed by the entrance of the singer. There may be some light improvisation by the laúd or tres during the singing.

A variation of this is the *controversia*, in which two singers have a "duel" and the best singer/poet wins.

Tonada

This is the peasant version of *punto* and is very similar, although differences in harmony and lyric may be noted.

Punto Fijo

Punto fijo differs from *punto libre* in the fact that the band doesn't stop when the singer starts singing. There may be some laziness in the time during the singing.

Punto Cruzado

In *punto cruzado*, the singer doesn't start at a barline. Instead, he comes in on some arbitrary beat contrary to the band.

Danzón

The *danzón* is a style that was strongly influenced by the immigration of the Haitian and French people in the late eighteenth century. This influx of immigrants came about after the Haitian Revolution and also coincided with the beginnings of certain Cuban-defined musical ideas. *Danzón* was influenced by the French *contredanse* and first shows up in Cuba as *contradanza*. Among the differences are the introduction of Cuban percussion and the ensemble format of violin, flute, and piano.

This ensemble format emerged into two distinct groups: the *charanga* típica and the *orquesta típica cubana*. The *charanga típica* consists of a five-valve flute, two violins, piano, bass, timbales (pailas), and a güiro (gourd). The *orquesta típica cubana* is made up of two violins, two clarinets, bass, trumpet, trombone, ophicleide (an old brass instrument), timbales (pailas), and a güiro. Only the *charanga típica* survived, and when the *orquesta típica cubana* ceased to exist, the generic name of *charanga*, as well as *orquesta típica cubana*, was applied to the original *charanga típica*.

There are other genres in the *danzón* family. These include the *danza cubana* and the *danzón* that was also the national dance of Cuba in the last century. During the last evolutionary phases of *danzón*, a vocal section was added to the genre. The styles with vocals are the *danzonete* and the *cha-cha-chá*.

Although most of the above styles have been played on a tres at some point in time, I am going to focus on styles that are still being played today in popular music. These

Además, el cantante siempre canta en décima, *que es una forma de poesía que consta de diez sílabas por verso.*

Punto libre

El punto libre *es probablemente la forma más reconocible de* punto *y se caracteriza en que la banda toca un motivo o tema recurrente, una vez completado, le sigue la entrada del cantante. Puede haber un poco de improvisación por parte del laúd o el tres durante el canto.*

Una variación de esto es la controversia, *en el que dos cantantes tienen un duelo en el que el mejor cantante/poeta gana.*

Tonada

Ésta es la versión campesina del punto *y es muy similar, aunque pueden destacarse diferencias en la harmonía y las letras.*

Punto fijo

El punto fijo *se diferencia del* punto libre *en el hecho en que la banda no para de tocar cuando el cantante comienza a cantar. El tiempo puede ser algo rubato durante el canto.*

Punto cruzado

En el punto cruzado, *el cantante no empieza al inicio del compás. En vez de eso, comienza en algún momento arbitrario del compás contrario al conjunto.*

Danzón

El danzón *es un estilo que recibió una gran influencia de la inmigración de haitianos y franceses a finales del siglo xviii. Este flujo de inmigrantes resultó de la revolución haitiana y también coincidió con el comienzo de ciertas ideas musicales definidas por cubanos. El* danzón *recibió influencias del* contredanse *francés y aparece por primera vez en Cuba como* contradanza. *Entre las diferencias más notables, se encuentran la introducción de percusión cubana y el formato de conjunto con violín, flauta y piano.*

Esta modalidad de conjunto formó dos grupos distintos: la charanga típica *y la* orquesta típica cubana. *La* charanga típica *consiste de flauta de cinco válvulas, dos violines, piano, bajo, timbales (pailas) y un güiro. La* orquesta típica cubana *está formada por dos violines, dos clarinetes, bajo, trompeta, trombón, oficleide (antiguo instrumento de viento), timbales (pailas) y un güiro. Sólo la* charanga típica *sobrevivió, y cuando la* orquesta típica cubana *dejó de existir, el nombre genérico de charanga, así como el de orquesta típica cubana, se utilizó para denominar a la original* charanga típica.

Existen otros géneros en la familia del danzón. *Éstos incluyen la* danza cubana *y el* danzón *que era también la danza nacional de Cuba durante el último siglo. Durante las últimas fases de evolución del* danzón, *se añadió una sección vocal al género. Estos estilos con partes vocales son el* danzonete *y el* cha-cha-chá.

Aunque la mayoría de los estilos anteriores se han tocado en un tres en algún momento, me concentraré en los estilos que todavía se tocan en la actualidad en la música popular. Éstos

include the *cha-cha-chá* and the *mambo,* which really belongs in the *rumba* style. (I mention it here since most musicians consider it a variation of *cha-cha-chá,* and to a lesser degree *danzón.*)

incluyen el cha-cha-chá *y el* mambo, *que en realidad pertenece al género de la* rumba. *(Lo menciono aquí ya que la mayoría de los músicos lo consideran una variación del* cha-cha-chá *y en menor grado del* danzón.*)*

Canción

The *canción* is a family that consists of styles such as *habanera, guajira, criolla, trova (troubadour), bolero,* and others. It was mainly a style that was meant to be listened to, but some styles—notably the bolero—have evolved to include a dance component.

Oftentimes the tres exists in these styles as played in a modern context; however, most of these were traditionally played with the guitar or piano as the dominant instrument. *Bolero* songs, and many *nueva trova canciones,* will use the tres either as the primary instrument or as part of the other instruments in the rhythm section. Again, though, the majority of the time the tres will be playing rhythmic figures, not strumming chords.

Canción

La canción *es una familia que consiste de estilos como* habanera, guajira, criolla, trova, bolero *y otros similares. Era principalmente un estilo creado para escucharse, pero algunos estilos, cabe destacar el* bolero, *han evolucionado para incluir un elemento de danza.*

A menudo el tres existe en estos estilos como se toca en un contexto moderno; sin embargo, la mayoría de éstos tradicionalmente se tocaban con la guitarra o el piano como instrumento dominante. Los boleros *y muchas canciones* canciones de nueva trova, *usan el tres tanto como instrumento principal o como parte de los otros instrumentos en la sección rítmica. Reitero que la mayoría de las veces el tres va a tocar figuras rítmicas, no acordes.*

Rumba Complex

Like *punto* and *changüí, rumba* was originally a party or celebration. It derived from the urban areas of Havana and Matanzas, and at a rumba, you played *rumba.*

Of historical interest is the rise to prominence of the *tumbadoras,* also known as conga drums, in the evolution of the *rumba.* Originally, it was played on *cajones* (literally "boxes") of different sizes and shapes. In this regard, the *rumba complex* is a purely percussive style, but many modern songs have fused elements of it (especially *guaguancó*) with son.

The fundamental rhythm was played on the larger (lower) box, while the smaller (higher) box was used for improvisation. This differs from African music, in which the lower drum is always used for improvisation.

Eventually the boxes became three barrel-shaped tumbas that were originally named, from low to high, *hembra* (female), *macho* (male), and *quinto.* They are still sometimes called by those names, but they are more generally called *salidor, tres-dos,* and *quinto* when referred to in *rumba.*

Géneros de la rumba

Como el punto *y el* changüí, *la* rumba *fue originalmente una fiesta o celebración. Se derivó de las zonas urbanas de La Habana y Matanzas, y en una rumba, valga de redundancia, se tocaba la* rumba.

La prominencia de las tumbadoras, *conocidas como congas, también tiene un gran interés histórico en la evolución de la* rumba. *Originalmente se tocaba con cajones de diferentes formas y tamaños. En cuanto a esto, el género de la rumba es puramente un estilo de percusión, aunque muchas canciones modernas han fusionado elementos de ésta (especialmente guaguancó) con el son.*

El ritmo fundamental se tocaba en la caja más grande (más grave), mientras que la caja más pequeña (más aguda) se usaba para la improvisación. Esto difiere de la música africana, en donde el tambor más grave se usaba siempre para la improvisación.

Con el tiempo, las cajas se convirtieron en tres tambores en forma de barril que originalmente se denominaron, de grave a aguda, hembra, macho *y* quinto. *En ocasiones se usan esos nombres, pero más generalmente se denominan* salidor, tres-dos *y* quinto cuando *se refieren a ellos en la* rumba.

Guaguancó

Guaguancó is by far the most popular style in *rumba,* both as traditionally played and with its fusion into Cuban popular music. It is music danced to by a couple and shows the ancestral elements of the Bantú tribe and their slaves. The dancers frequently mimic a rooster and a hen, and the various sexual innuendos of the attempted conquest of the hen.

Guaguancó

El guaguancó *es sin duda el estilo más popular en la* rumba, *tanto cuando se toca de forma tradicional como con su fusión con la música popular cubana. Es una música que se baila en pareja y que muestra los elementos ancestrales de la tribu bantú y sus esclavos. Los bailarines generalmente imitan a un gallo y a una gallina y las diversas insinuaciones sexuales del intento de la conquista de la gallina.*

Columbia

The *columbia* is unique in that it is the only genre of the *rumba complex* that has its roots in the rural areas of the country. It is also unique in that it is only danced by men and is highly acrobatic, and if you see the dance, there will be no mistaking it.

Columbia

La columbia *es única en cuanto que es el único del* género de la rumba *que tiene sus raíces en las zonas rurales del país. Es también única porque sólo se baila por hombres y es muy acrobática. Si ve este tipo de danza, la reconocerá fácilmente.*

Yambú

The *yambú* is somewhat slower than the *guaguancó* and is more expressive of different events, such as playing baseball or acting like an old woman. It is also unique in the fact that traditional *yambú* uses *son clave.*

Comparsa

Comparsa is also a member of the *rumba complex* due to its street celebration venue. Also known as the music of *Carnival,* it is a highly choreographed dance (again, note that the music exists for dance) played while the dance troupe moves through the streets in the carnival procession.

Mambo

Mambo was a style invented by Perez Prado in Matanzas Province in the 1950s. It never really took off in Cuba so he moved to Mexico, where it became a worldwide phenomenon. A singer named Beny Moré joined the Prado Big Band and, when he formed his own group, brought with him many *mambos* that he wrote.

Beny Moré was like the Elvis Presley of Cuba, so the popularity of *mambo* really peaked with his band, and he is often wrongly credited with the creation of the *mambo.*

Afro-Cuban

It is hard to write about Cuban music without mentioning the *Afro-Cuban* concept. Basically, when African slaves arrived in Cuba they brought with them their concept of rhythm and, more importantly, the idea of improvisation. In Africa, improvisation took place on the lower-pitched instruments (usually drums).

Afro-Cuban music describes all of the religious, secular, and ritualistic events with roots in Africa. This music is commonly noted by musicians as folkloric or Santería music, although it encompasses much more than those genres.

This music is almost always purely percussive and is traditionally played with *batá* drums (also known as the "sacred drums") or, in the case of *bembé,* with güiros. Many of these elements have contributed to modern Cuban music, and the unique *polyrhythms* are well worth listening to. Also, knowledge of Santería is helpful in understanding both the music and lyrics of many songs.

Yambú

El yambú *es un poco más lento que el* guaguancó *y es más expresivo de diferentes eventos como jugar al béisbol o actuar como una anciana. Es también único por el hecho de que el* yambú *tradicional usa son clave.*

Comparsa

La comparsa *es también un miembro del* género de la rumba *debido a su celebración en las calles. Se conoce también como la música de* carnaval *y se compone de una danza altamente coreografiada (de nuevo, notese que la música existe para la danza) que se toca mientras los grupos de bailarines se mueven por las calles en una procesión de carnaval.*

Mambo

El mambo *fue un estilo inventado por Pérez Prado en la provincia de Matanzas en la década de los cincuenta. Nunca tuvo mucho éxito en Cuba así que se mudó a México, en donde se convirtió en un fenómeno mundial. Un cantante llamado Beny Moré se unió a la banda de Prado y cuando formó su propio grupo, trajo consigo muchos de los* mambos *que escribió.*

Beny Moré fue como el Elvis Presley de Cuba, por lo que la popularidad del mambo *realmente alcanzó gran éxito con su banda y en muchas ocasiones se le atribuye erróneamente la creación del* mambo.

Afro-cubano

Es difícil escribir sobre la música cubana sin mencionar el concepto afro-cubano. Básicamente, cuando los esclavos africanos llegaron a Cuba, trajeron consigo sus conceptos del ritmo y algo más importante; la idea de la improvisación. En África, la improvisación se realizaba en los instrumentos más graves (generalmente los tambores).

La música afrocubana describe todos los actos religiosos, seculares y ritualísticos con raíces en África. Esta música es comúnmente denominada por los músicos como folclórica o de santería, aunque incluye mucho más que esos géneros.

Esta música es casi siempre puramente percusiva y se toca tradicionalmente con tambores batá *(también conocidos como* tambores sagrados*) o, en el caso de* bembé*, con güiros. Muchos de estos elementos han contribuido a la música cubana moderna y vale la pena de escucharse los diversos* polirritmos*. Además los conocimientos de* santería *sirven de ayuda para comprender tanto la música como la letra de muchas canciones.*

Basics

Aspectos básicos

Tuning

The tres is traditionally tuned to an open C chord. However, tuning to an open D chord (basically all strings tuned up one whole step) is gaining popularity.

The following is how the traditional tuning looks on the staff:

Afinación

El tres se afina tradicionalmente a un acorde de C (Do) mayor. Sin embargo, la afinación a un acorde de D (Re) ha obtenido gran popularidad (básicamente todas las c uerdas afinadas un tono más arriba).

A continuación se muestra cómo aparece en el pentagrama la afinación tradicional:

Tuning Written

Tuning Actual

optional: Oriente-Style Tuning

Note that in the eastern (Oriental) provinces the E is traditionally doubled an octave lower.

Even though the tres is tuned to an open C chord, it can also be thought of in two ways:

1. The top three strings of a guitar with the B string tuned up a half step.
2. Or, if you really know the guitar's fretboard, the 5th fret of the D (4th), G (3rd,) and B (2nd) strings.

Personally, I think you are better off forgetting the guitar and just focusing on the idiosyncrasies of the tres. This will allow you to approach the tres as its own instrument and not as a guitar.

Obsérvese que en las provincias de la zona este (oriental) el Mi tradicionalmente se duplica a una octava más abajo.

Aunque el tres se afina a un acorde de Do, esto se puede pensar de dos formas diferentes:

1. Las tres cuerdas más agudas de la guitarra con la cuerda de Si afinada medio tono arriba.
2. O, si se conoce bien el diapasón de la guitarra, el 5º traste de las cuerdas de Re (4ta), Sol (3ra) y Si (2da).

Personalmente, creo es mejor olvidarse de la guitarra y concentrarse simplemente en la idiosincrasia del tres. Esto permitirá considerar al tres como un instrumento en particular y no como una guitarra.

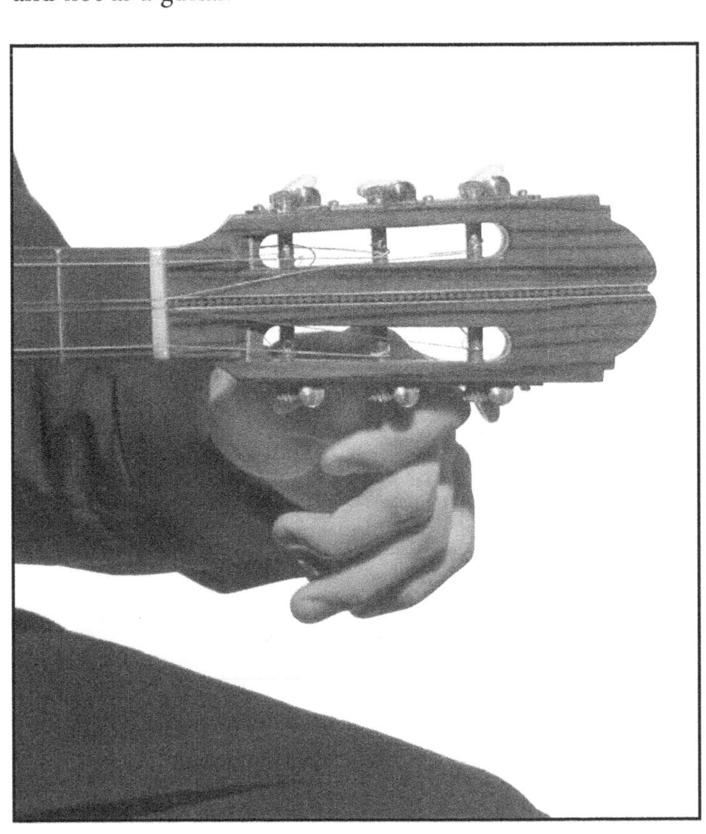

Preliminary Exercises

These exercises are meant to familiarize you with the "feel" of the tres. Although they may seem basic to those familiar with the guitar, it is important to get comfortable with the instrument and its tuning.

Ejercicios preliminares

Los siguientes ejercicios están hechos para que empiece a familiarizarse con el instrumento y para que empiece a sentir el tres. Aunque parezcan básicos a las personas que estén familiarizados con la guitarra, es importante sentirse cómodo con el instrumento y su afinación.

Ex 1

Ex 2

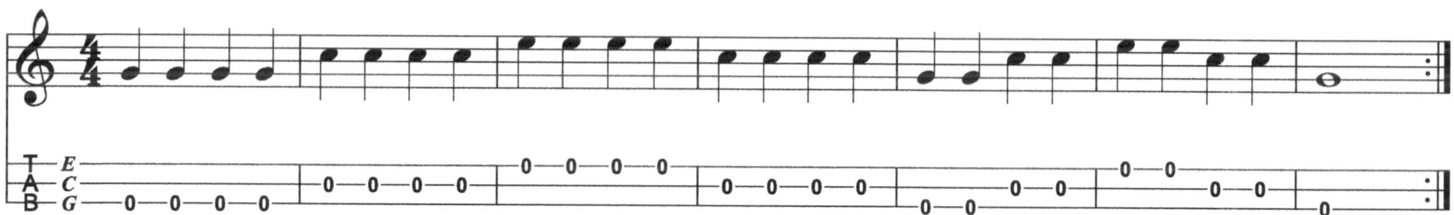

Ex 3

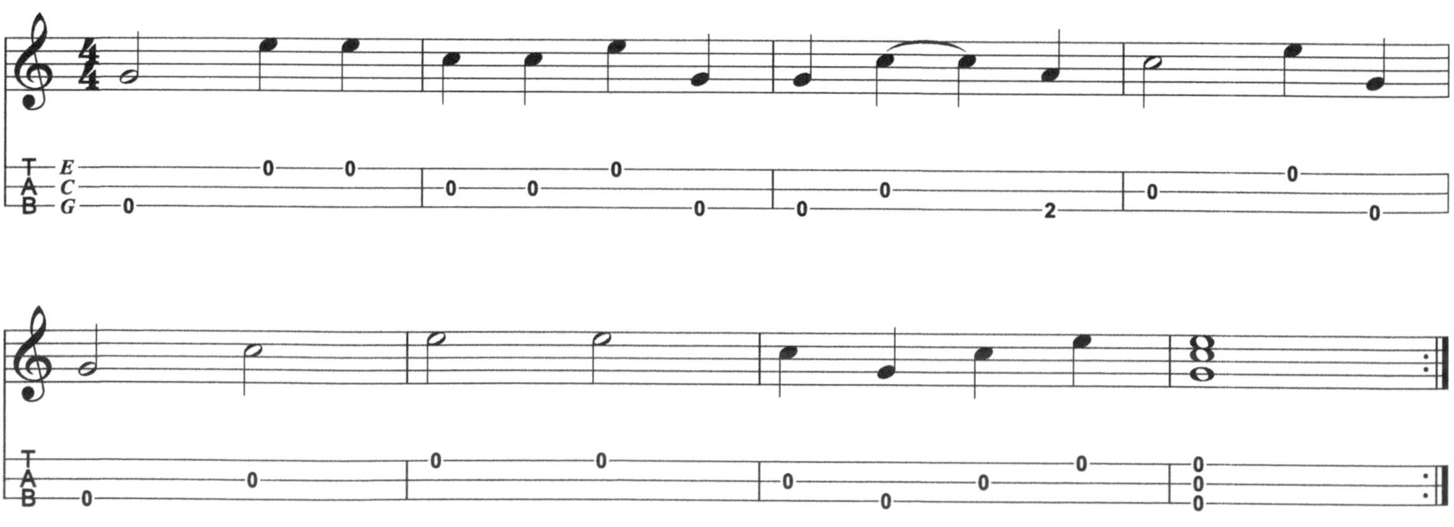

Son-Style Exercise:

Ejercicio al estilo del son:

Scales

Notes move up in a series of steps to form a *scale*. A *whole step* is the distance between two notes that are two frets apart, and a *half step* is the distance between any two adjacent notes.

Scales are an important part of playing the tres, much more so than chords. However, a complete mastery of the fretboard is needed to get the most authentic sounds.

The majority of songs are played in open positions, therefore you won't find much traditional music played on the tres in "flat" (♭) keys. I will only show the basic scales in a few keys, which you can then transpose and practice in the other keys. Also note that I will demonstrate first position scales with an emphasis toward open strings, as they produce a fuller sound.

C Major

The following three exercises show scales in the key of C. You will notice that due to the tuning of the tres it is not practical to play in first position starting with the root.

Escalas

Las notas ascienden o descienden en una serie de pasos para formar una escala. *Un* tono *es la distancia entre dos notas con dos trastes de distancia y un* semitono *es la distancia entre dos notas adyacentes.*

Las escalas son una parte importante para tocar el tres, mucho más que los acordes. Sin embargo, un dominio completo del diapasón es necesario para conseguir los sonidos más auténticos.

La mayoría de las canciones se tocan en posiciones con las cuerdas al aire, por lo que no se encontrará mucha música tradicional tocada en el tres en tonalidades con bemoles (♭). Se mostrarán tan sólo las escalas básicas en algunas tonalidades, las cuales se pueden luego transportar y practicar en las otras. Se mostrarán también las escalas de la primera posición con énfasis en las cuerdas al aire, ya que producen un sonido más rico.

Do Mayor

Los siguientes tres ejercicios muestran escalas en la tonalidad de Do. *Se puede observar fácilmente que debido a la afinación del tres no es práctico tocar la primera posición empezando por la fundamental.*

1st Position

1ra Posición

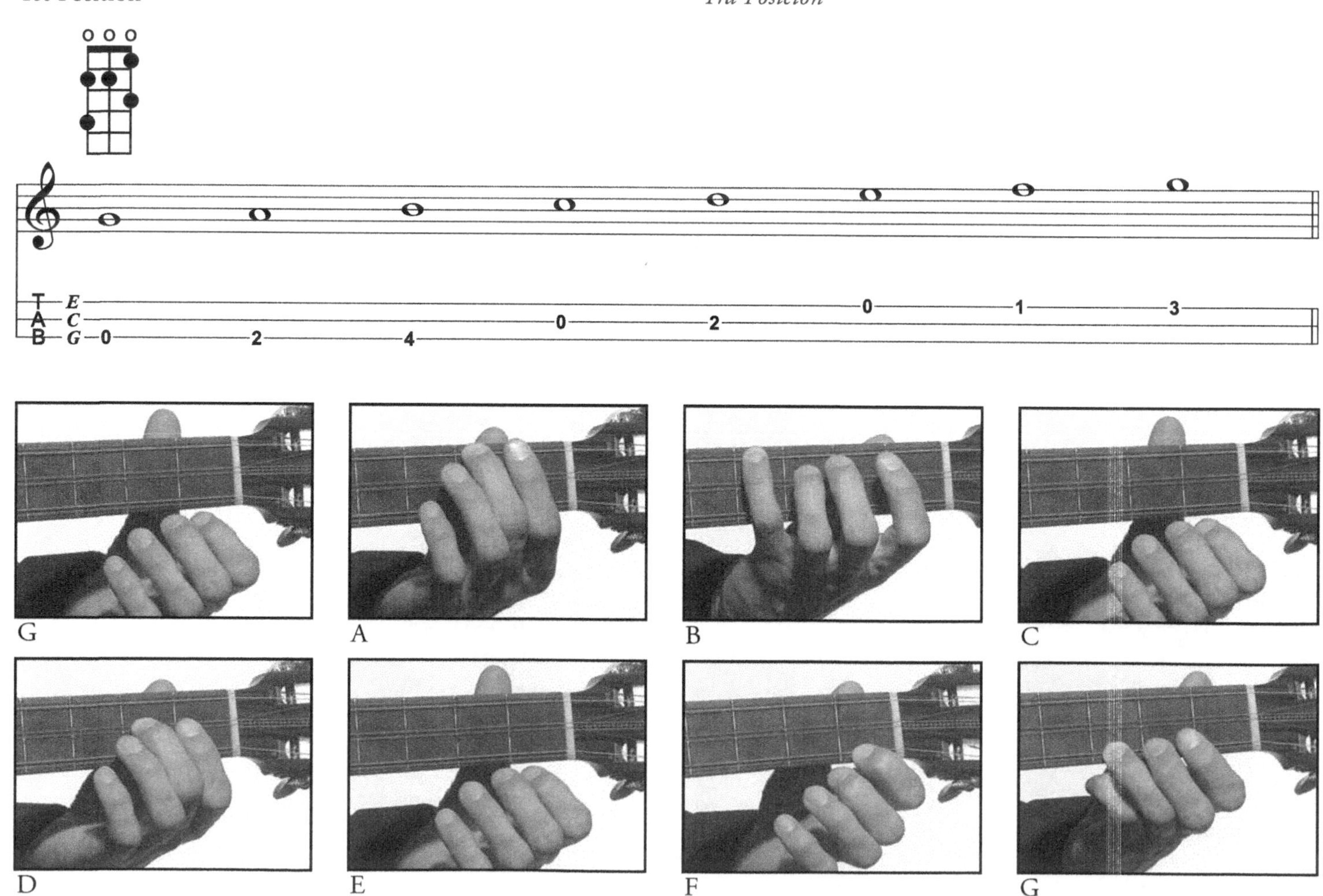

G A B C

D E F G

5th Position

5ta Posición

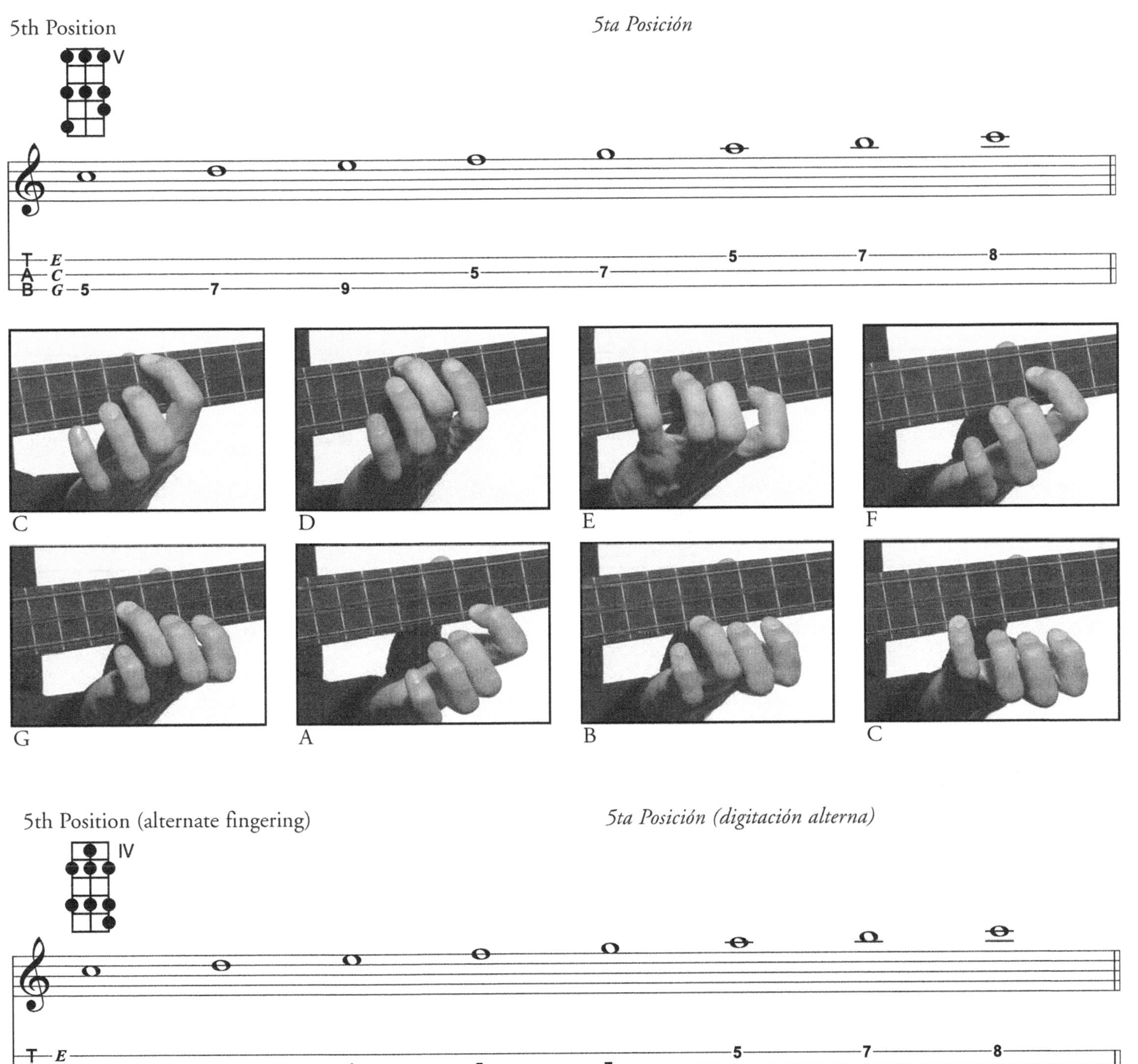

5th Position (alternate fingering)

5ta Posición (digitación alterna)

G Major

The following exercises show scales in the key of G.

1st Position

Sol Mayor

Los siguientes ejercicios muestran las escalas en la tonalidad de Sol.

1ra Posición

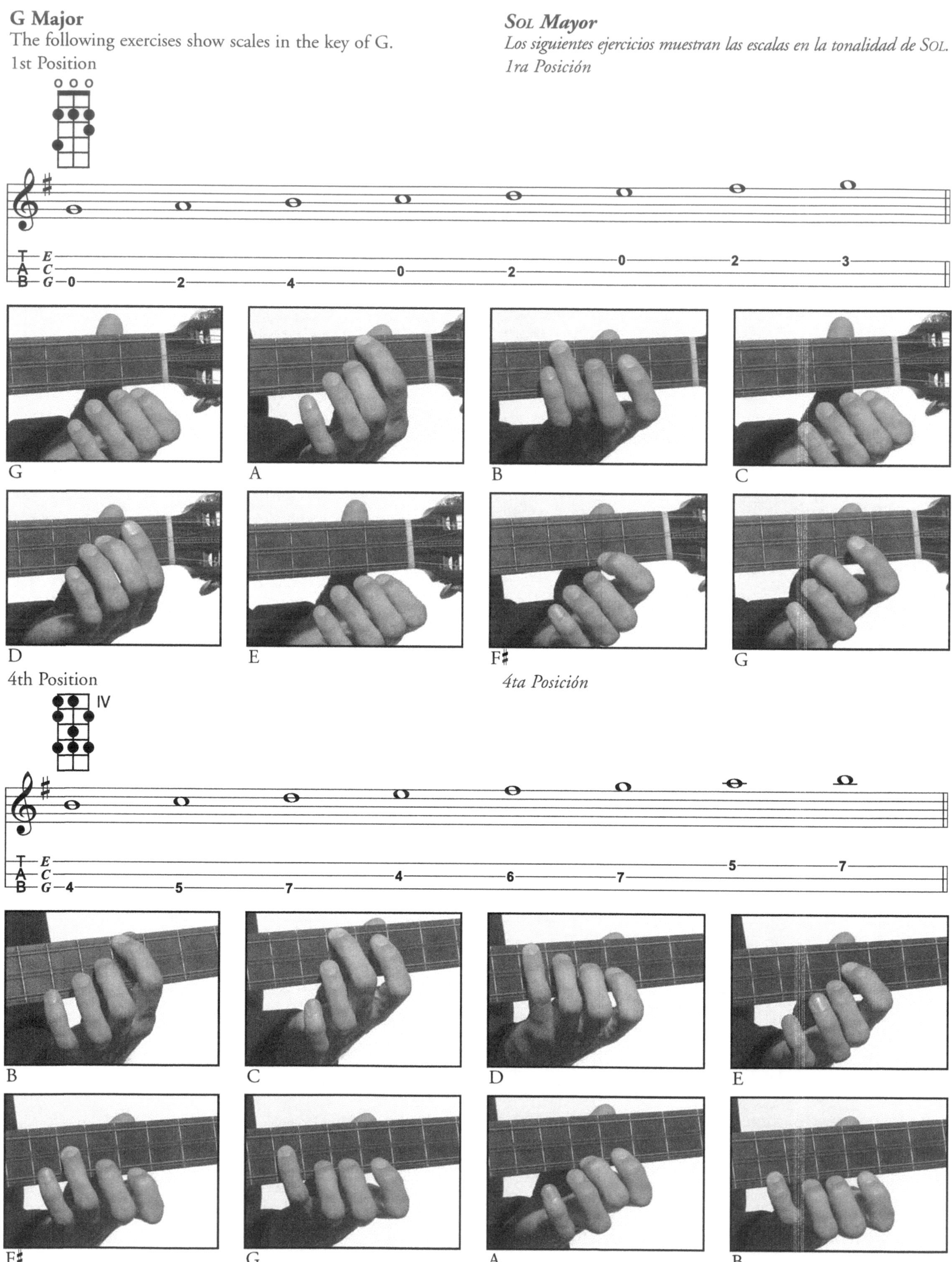

C Minor

The following exercises illustrate scales in the key of C minor.

1st Position

Do Menor

Los siguientes ejercicios ilustran escalas en la tonalidad de Do menor.

1ra Posición

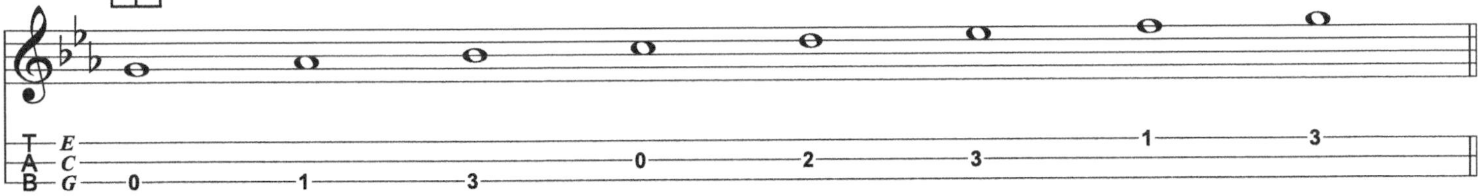

G

A♭

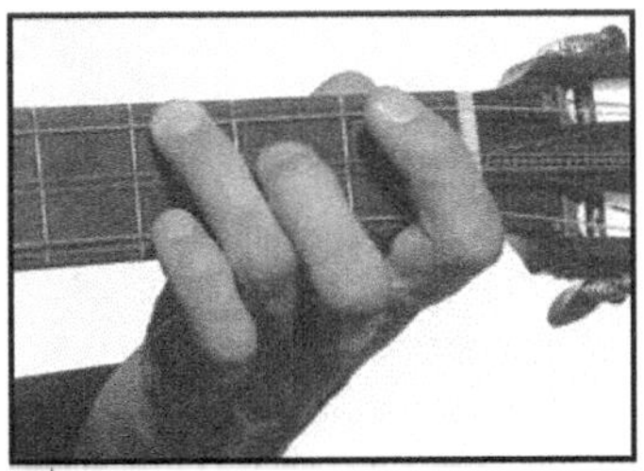

B♭

C

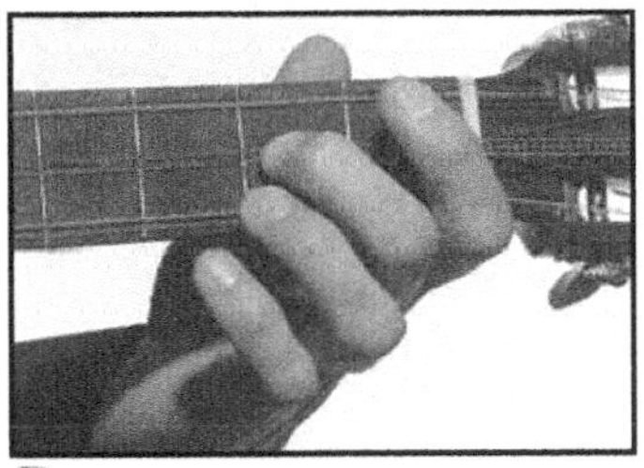

D

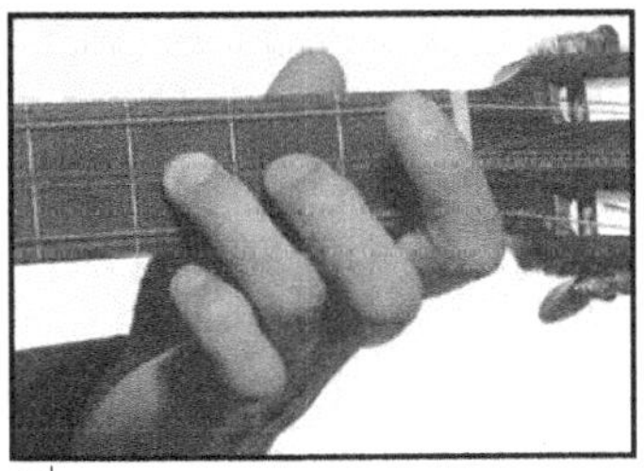

E♭

F

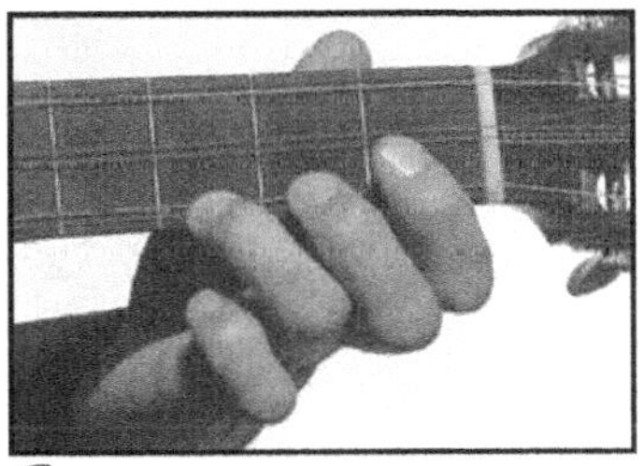

G

5th Position

5ta Posición

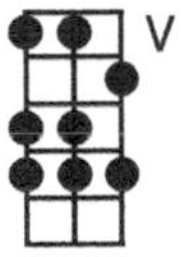

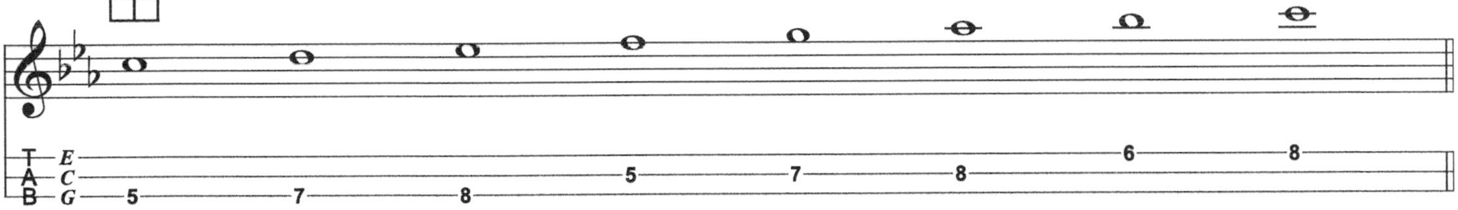

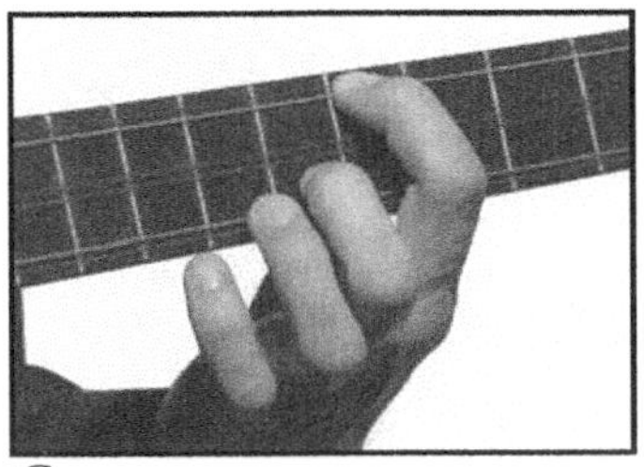

C

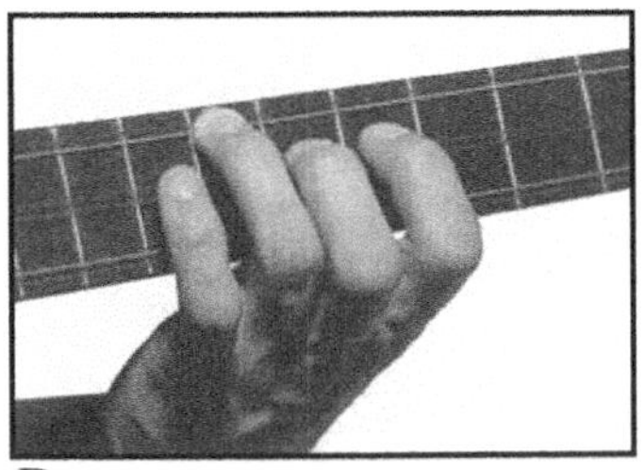

D

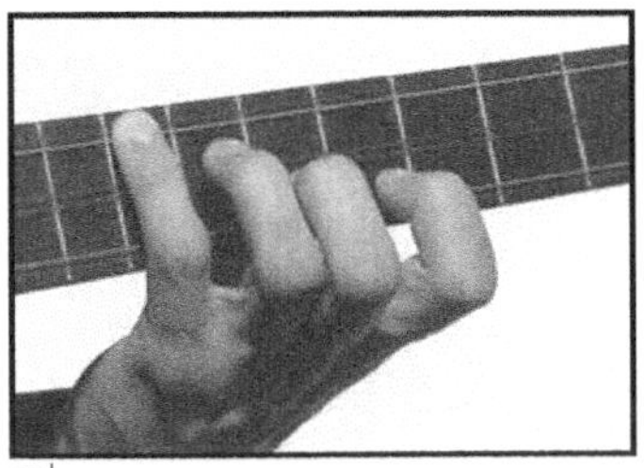

E♭

F

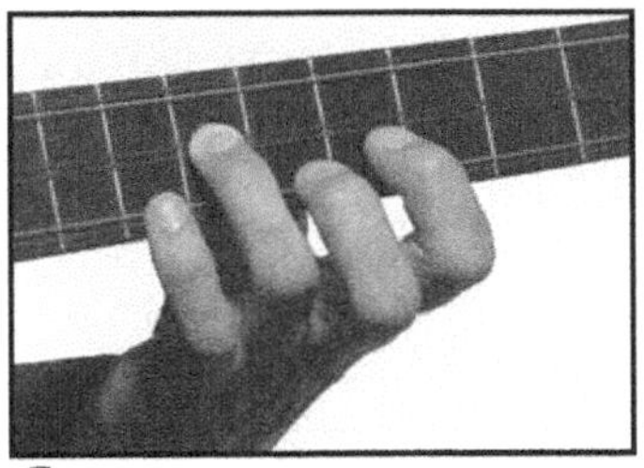

G

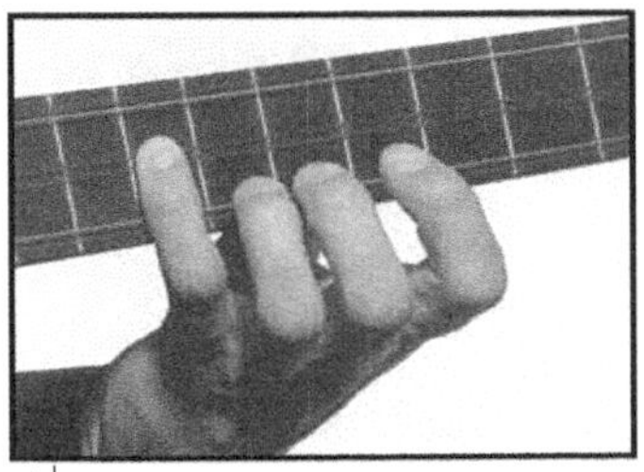

A♭

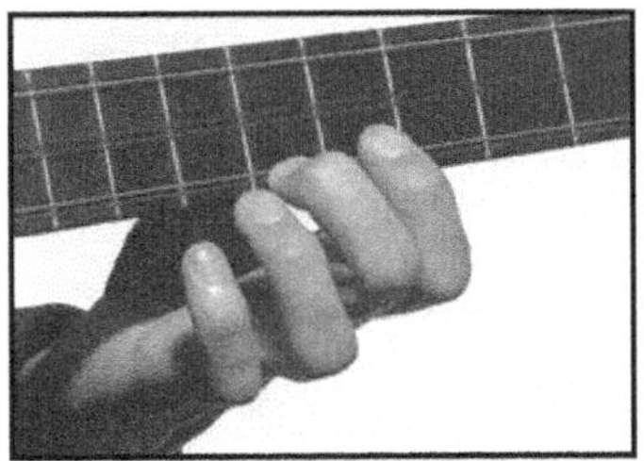

B♭

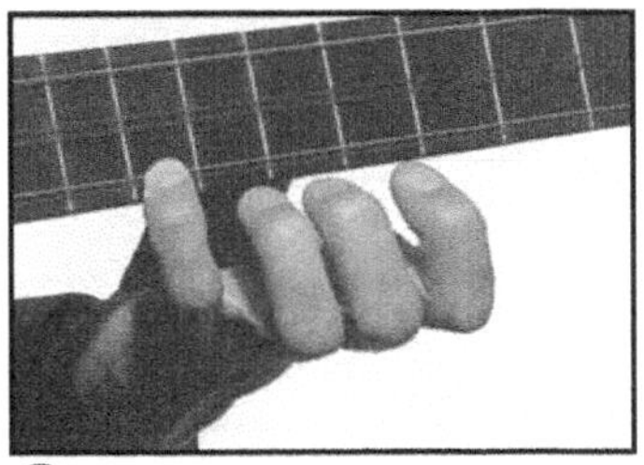

C

G Minor

1st Position

Sol Menor

1ra Posición

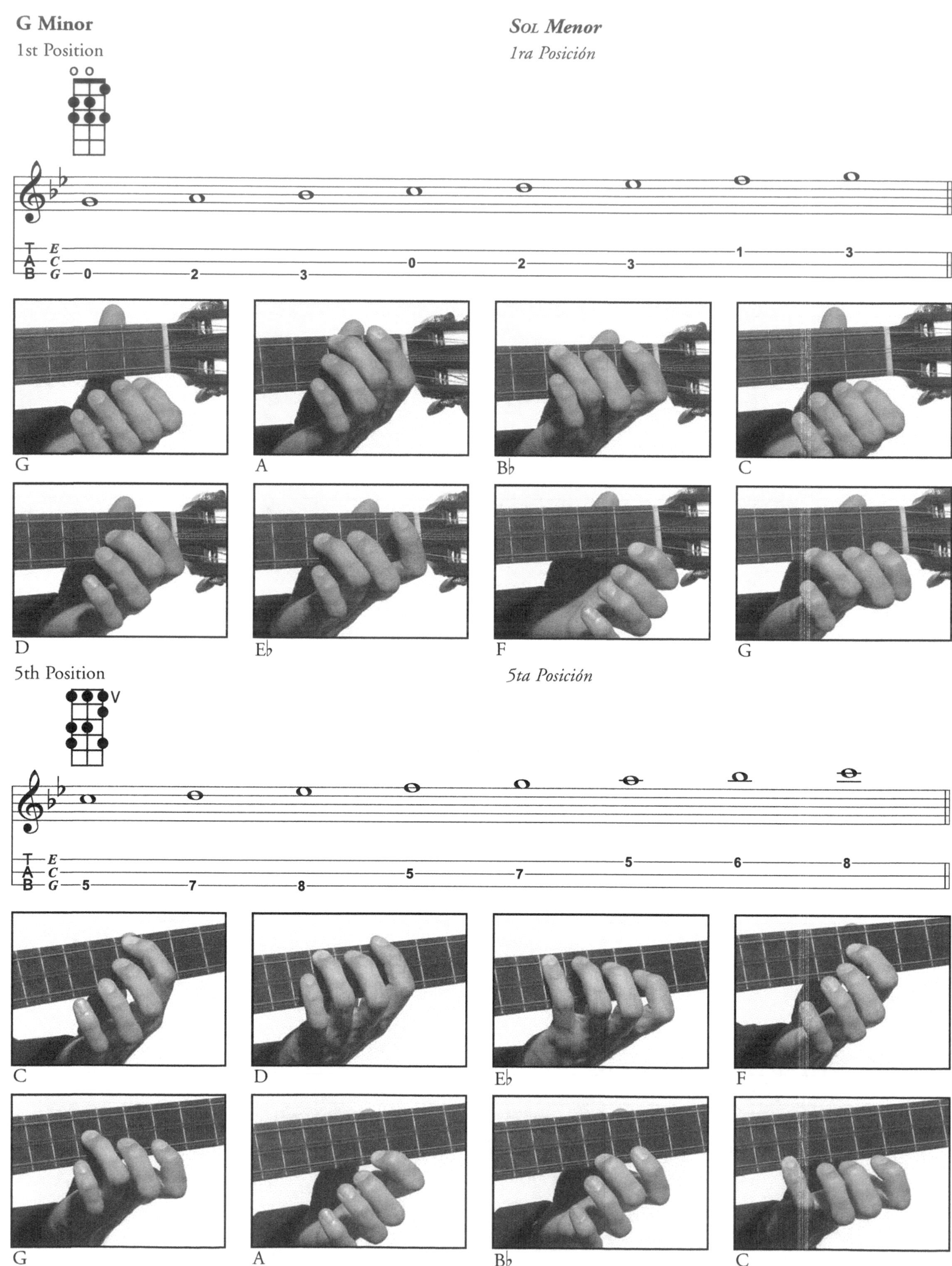

Chords

Acordes

Chords

Like the scales above, I am only going to show only a few chords in C and G. You can figure out the rest as an exercise. Even though chords aren't played too often, it is useful to visualize them for finger positions and more modern styles.

Acordes

Como las escalas anteriores, sólo se muestran algunos acordes de DO mayor y SOL. A manera de otro ejercicio, le recomiendo que descubra los demás basandose en los dos que aquí veremos. Aunque los acordes no se tocan muy a menudo, es muy útil visualizarlos para tener en cuenta las posiciones de los dedos para tocar estilos más modernos.

C Chords

Acordes de DO mayor

Cm Chords

Acordes de Do menor

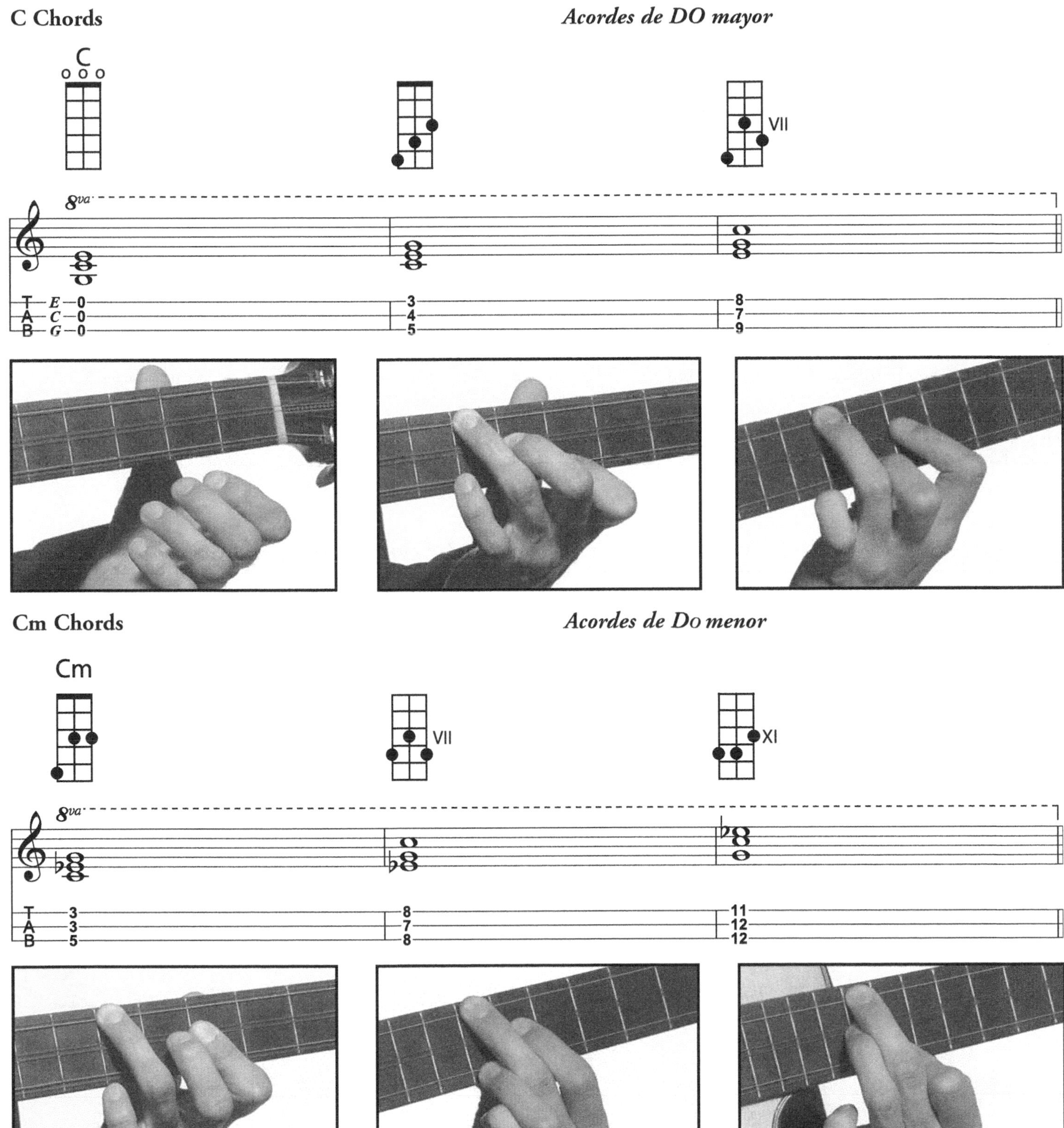

C7 Chords

Acordes de Do dominante

C° Chords

Acordes de Do disminuido

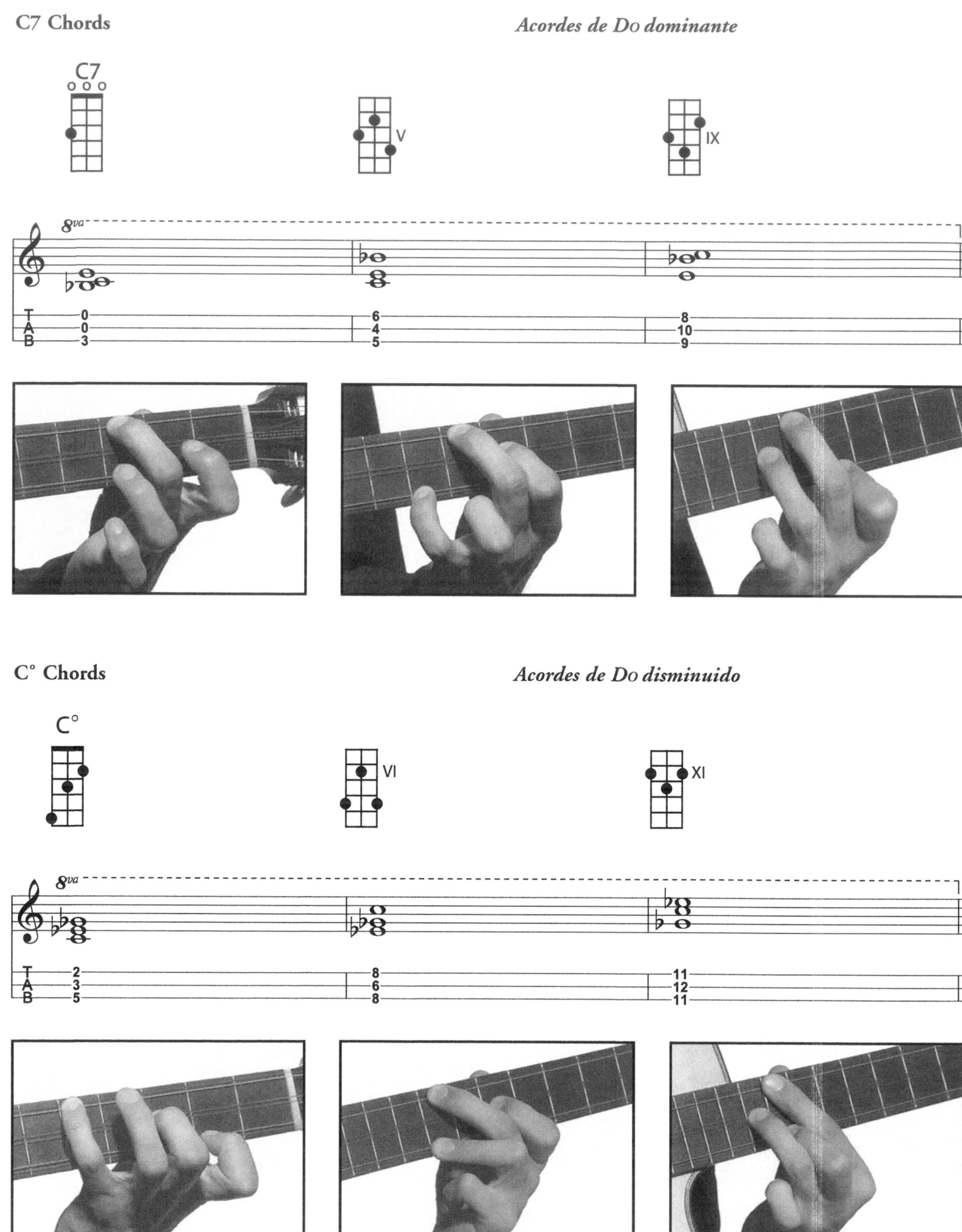

Cm7♭5 *Acordes de Do semi-disminuido*

C+ *Acordes de Do aumentado*

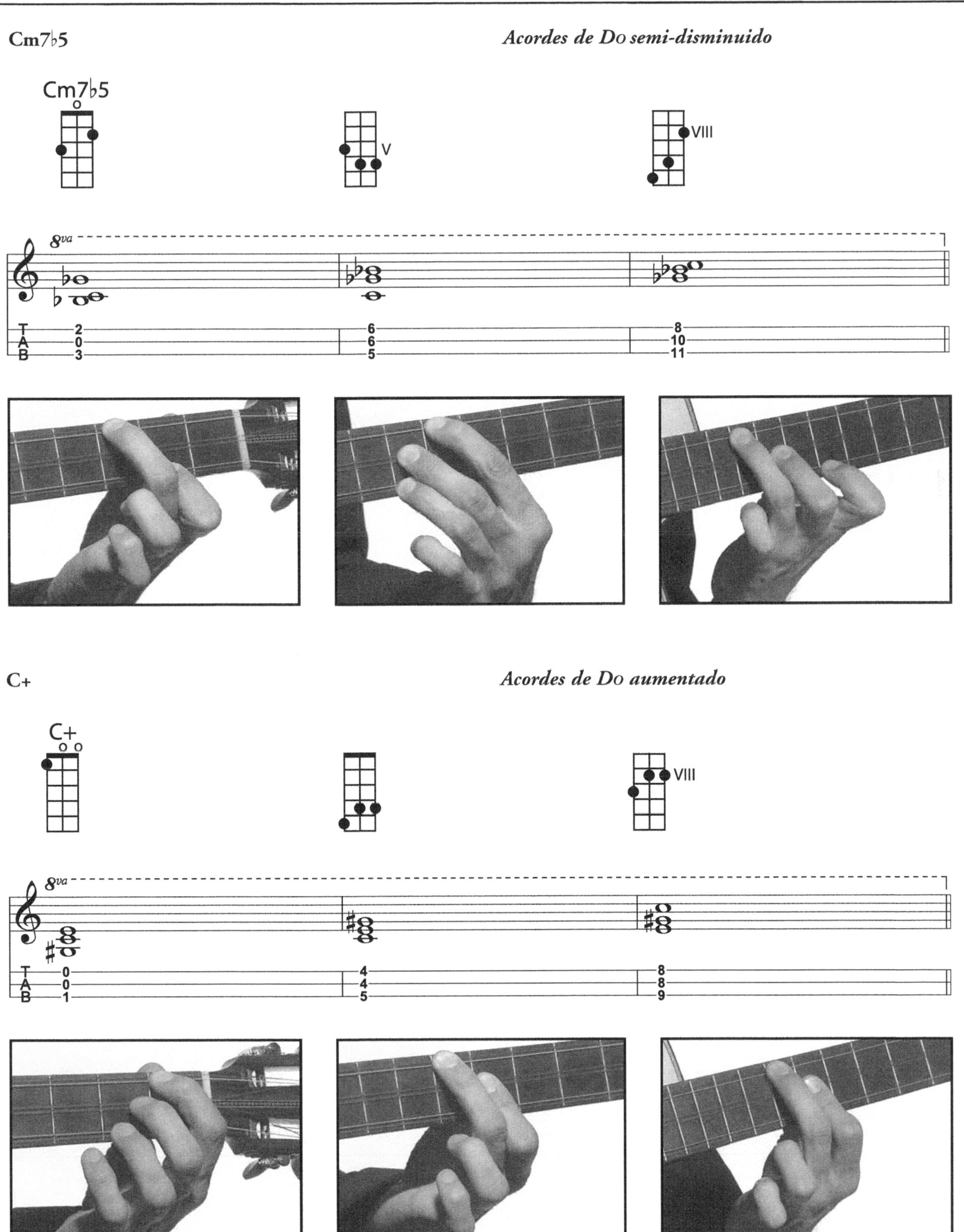

G Chords

Acordes de Sol mayor

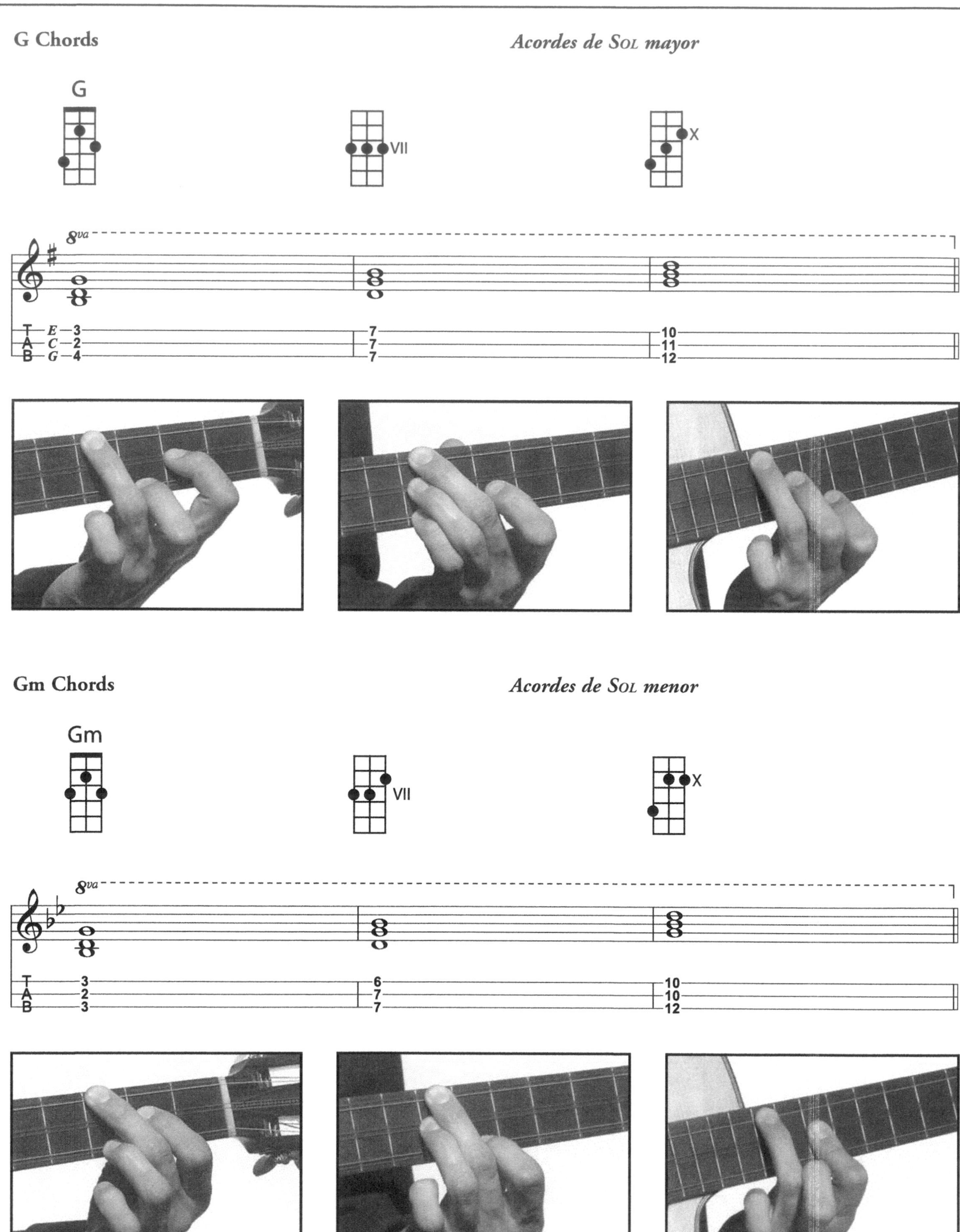

Gm Chords

Acordes de Sol menor

G7 Chords

Acordes de Sol dominante

G° Chords

Acordes de Sol disminuido

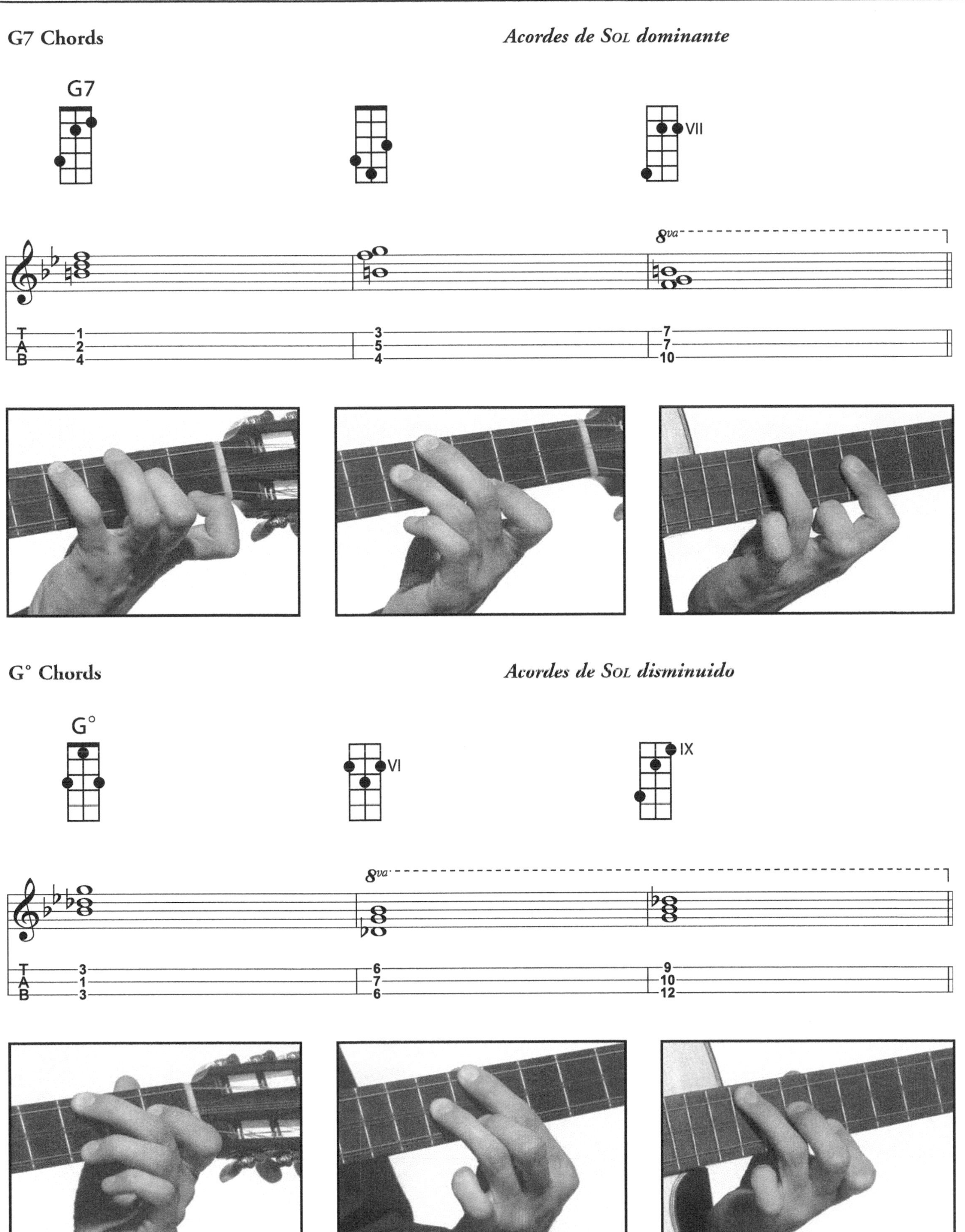

Gm7♭5 Chords *Acordes de SOL semi-disminuido*

G+ Chords *Acordes de SOL aumentado*

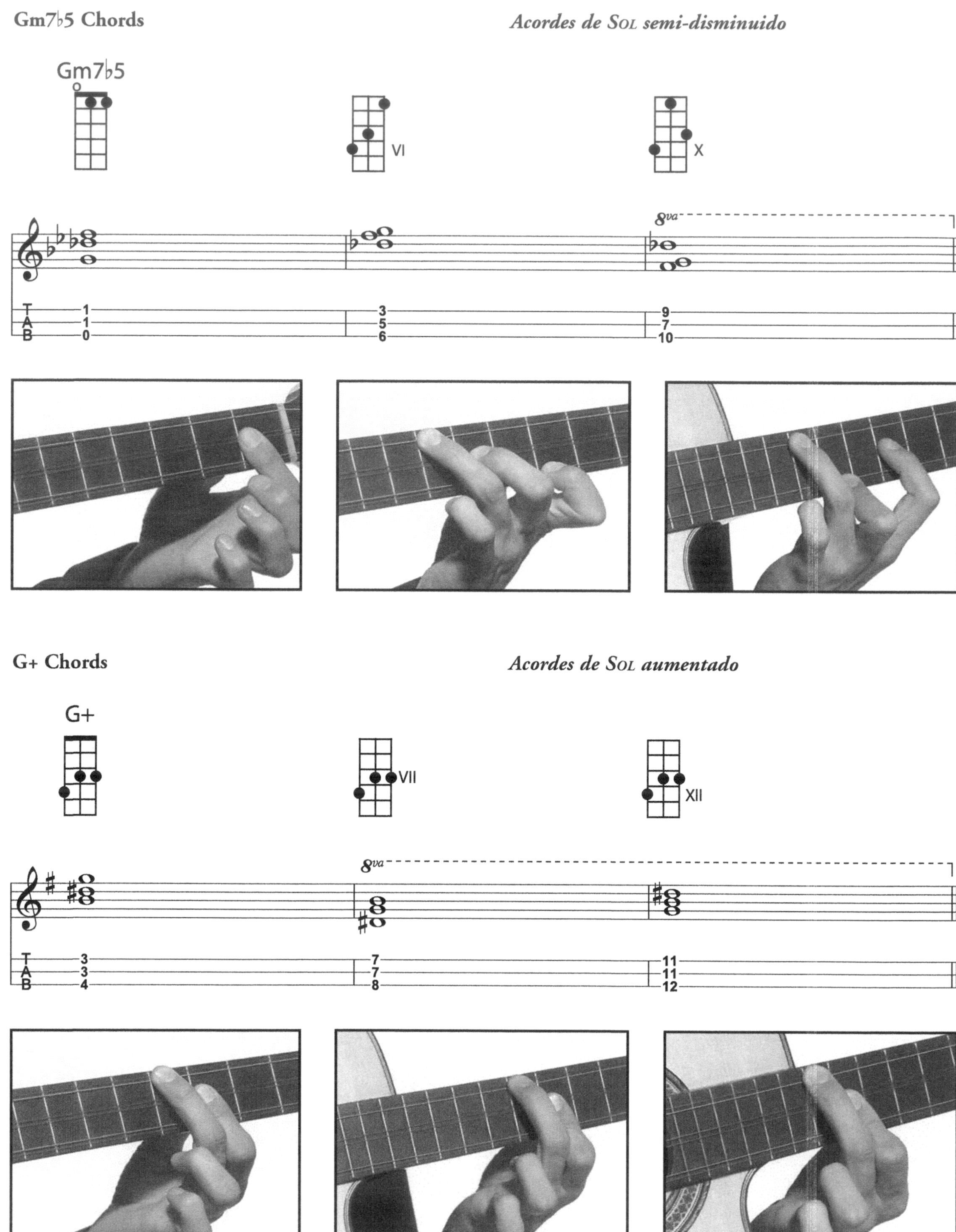

Introductions

Many times the tres player, or *tresero*, will begin a song with some standard riffs on one chord. These are also used quite often during sections that repeat for many bars.

Introducciones

En muchas ocasiones el tresero *(la persona que toca el tres), comenzará una canción con algunos patrones sobre algun acorde. Éstos se usan también muy a menudo durante las secciones que se repiten por varios compases.*

A Minor

La Menor

1. Intro 1 in Am

Am

2. Intro 2 in Am

Am

C Major

Do Mayor

3. Intro 1 in C

C

4. Intro 2 in C

C

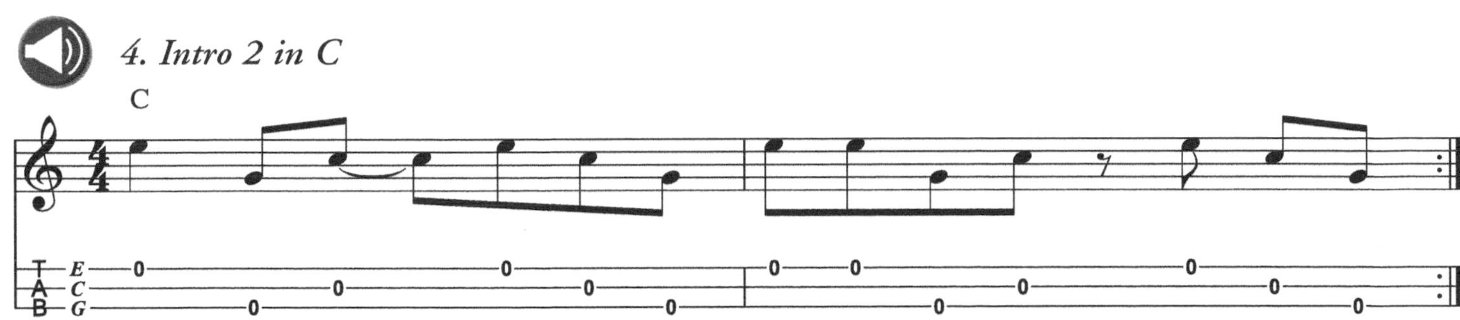

Montunos

Montunos

"Montuno" is, like many terms in Cuban music, used several ways. The following refers to the "montuno section." This is what most people hear as "kicking it up," and is where the *bongosero* plays his cowbell and the timbale player switches to his bells. It is also interesting to note that the piano style is taken from the tres part and was used when *conjuntos* (music groups) played.

There are many variations on these themes, so once you get the feel for these you can experiment with other notes and fingerings.

Traditional Montunos

The following examples are in the key of F. Clave direction is 2–3 (See Appendix A: Clave)

Montunos

Montunos

El montuno *se usa, como muchos términos de la música cubana, de varias formas. La siguiente definición se refiere a la* sección de montuno. *Esto es lo que la mayor parte de la gente escucha como con más fuerza y es donde el* bongosero *toca el cencerro y el timbal cambia a las campanas. Cabe destacar también que el estilo del piano se toma de la parte del tres y se usaba cuando tocaban los* conjuntos.

Hay muchas variantes de estos temas, así una vez que se acostumbre a ellos, puede experimentar con otras notas y digitaciones.

Montunos tradicionales

Los siguientes ejemplos están en la tonalidad de FA. La dirección de la clave es 2–3 (Véase el Apéndice A: Clave).

5. Montuno 1

6. Montuno 2

7. Montuno 3

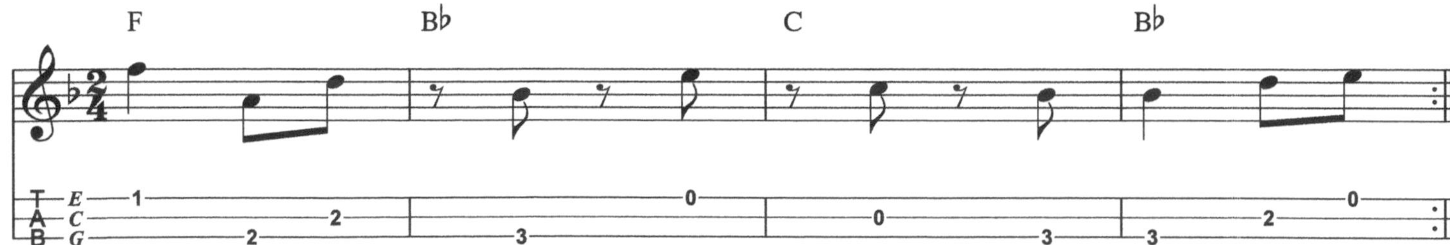

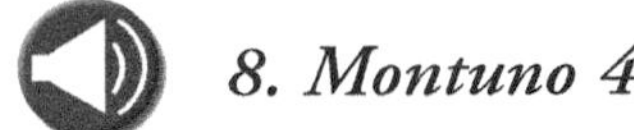

8. Montuno 4

9. Montuno 5

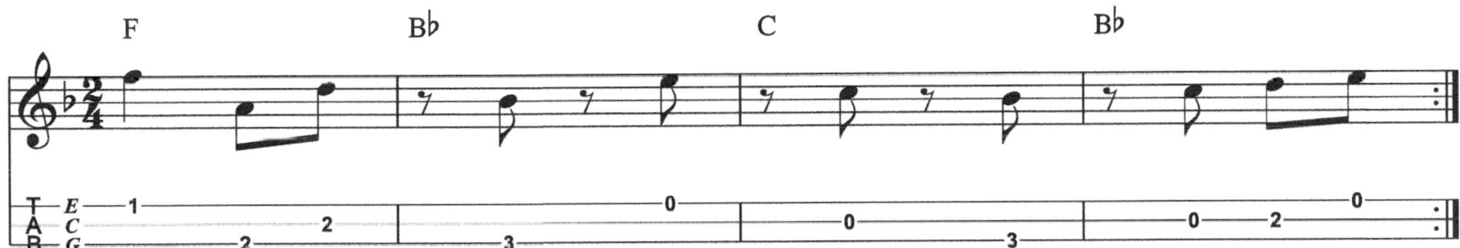

10. Montuno 6

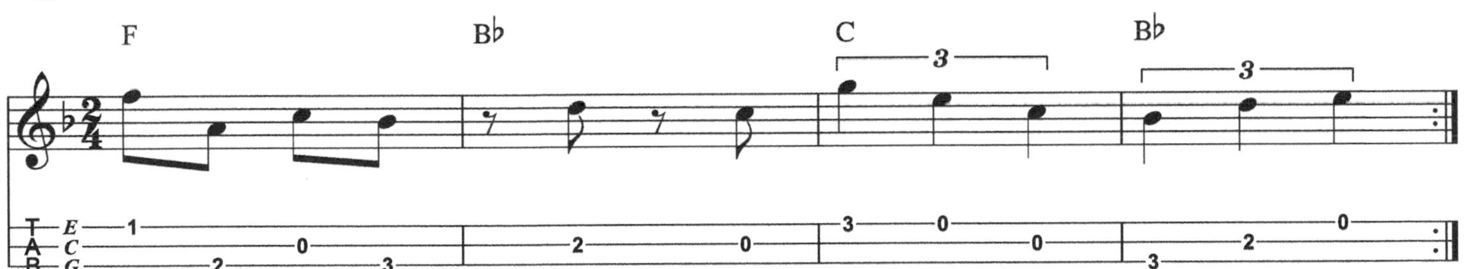

11. Montuno 7

12. Montuno 8

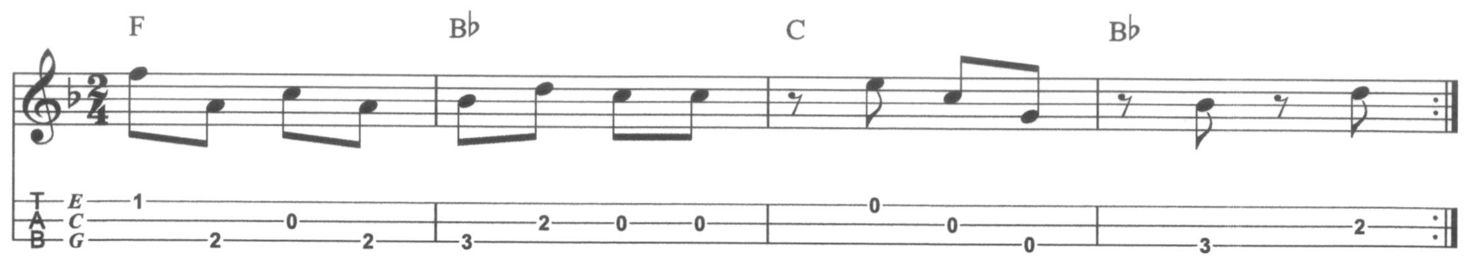

13. Montuno 9

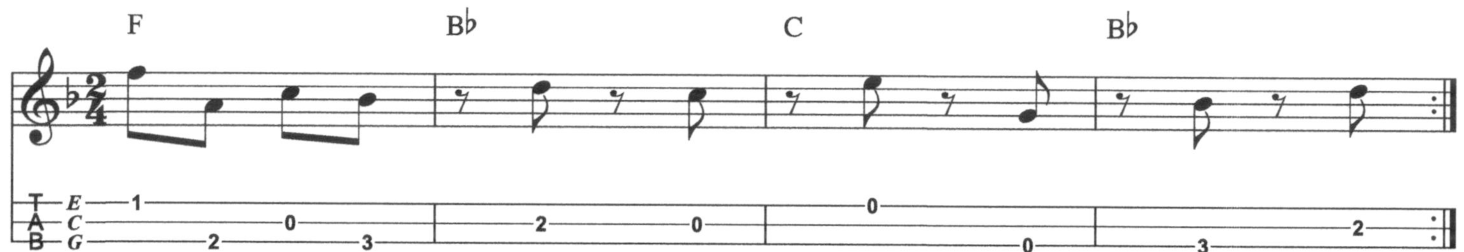

14. Montuno 10

15. Montuno 11

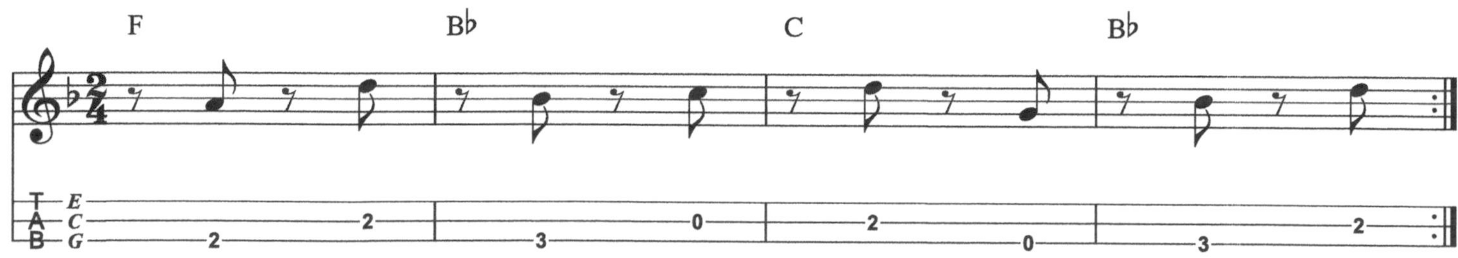

Piano Montunos

You can take the opposite approach to "montunos" and also play "piano-style montunos." I have included some versions in minor keys and a couple in 3-2 clave, as you will run into these playing *modern son* where the piano-style montunos are expected.

C Major

Montunos de piano

Puede elegir el concepto opuesto para los montunos *y tocar también* montunos de piano. *Se incluyen algunas versiones en tonalidades menores y un par en clave de 3-2, ya que es posible que tenga que tocar en esta clave en el* son moderno *donde se usan los montunos de piano.*

Do Mayor

16. Piano Montuno 1

17. Piano Montuno 2

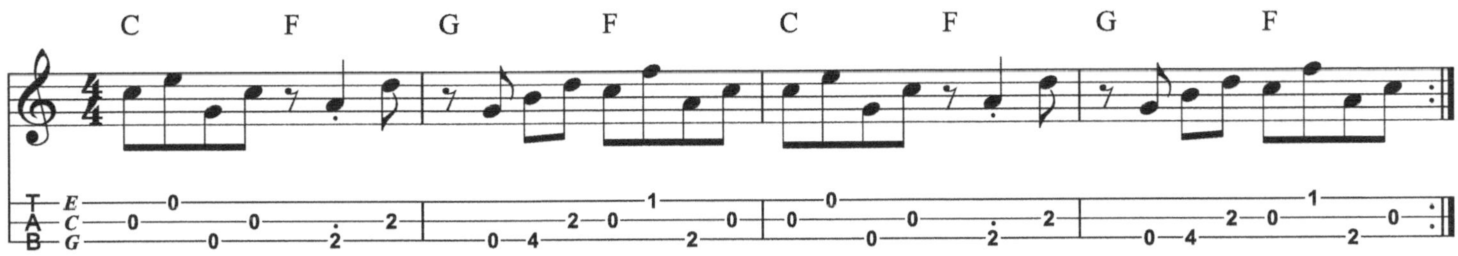

18. Piano Montuno 3

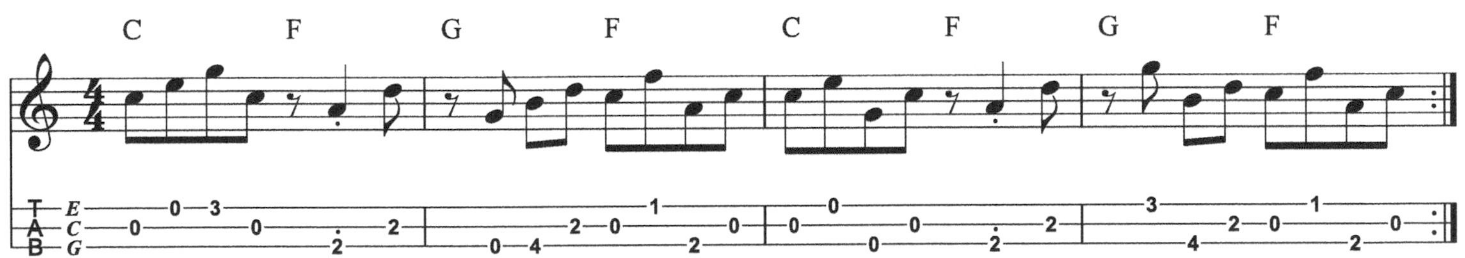

19. Piano Montuno 4

C Minor *Do menor*

20. Piano Montuno 5

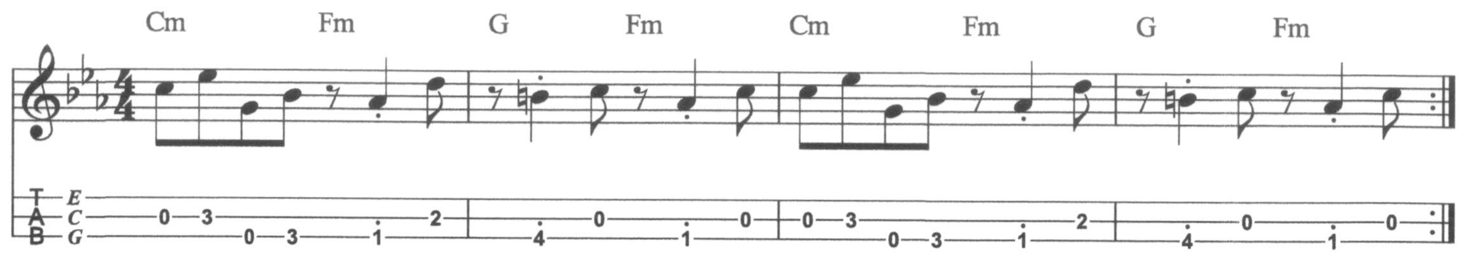

21. Piano Montuno 6

22. Piano Montuno 7

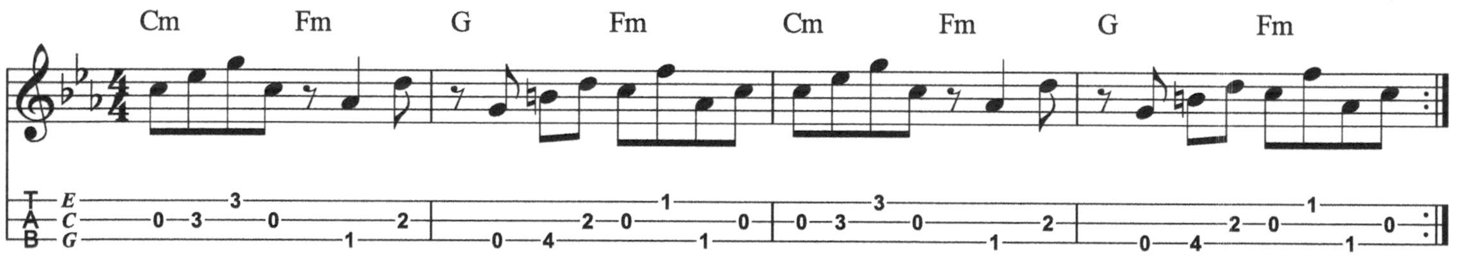

23. Piano Montuno 8

3-2 Clave *Clave 3-2*

24. Piano Montuno 9

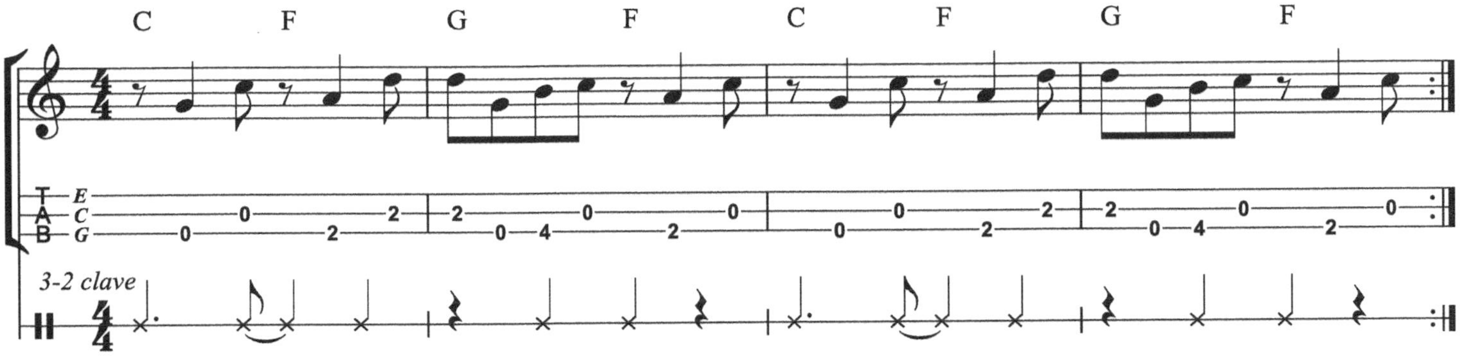

C F G F C F G F

3-2 clave

25. Piano Montuno 10

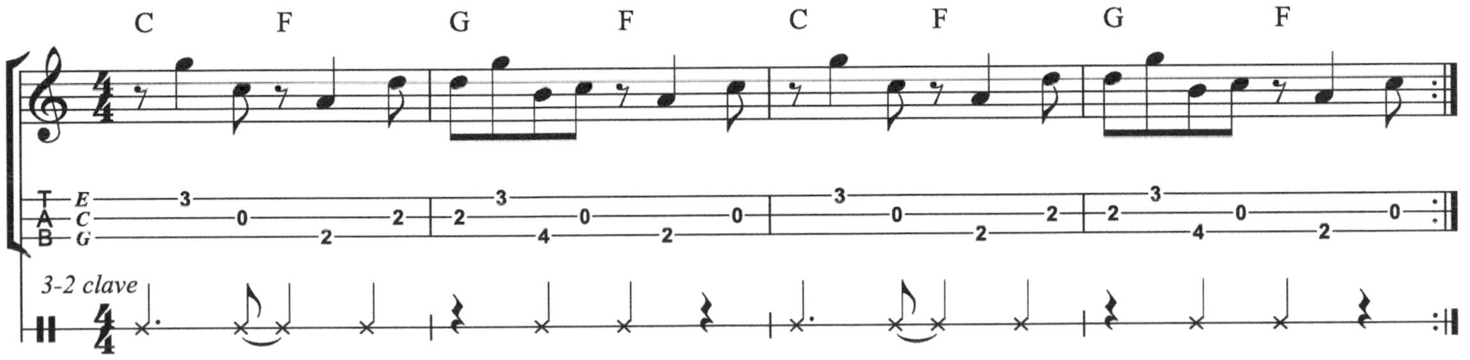

C F G F C F G F

3-2 clave

26. Piano Montuno 11

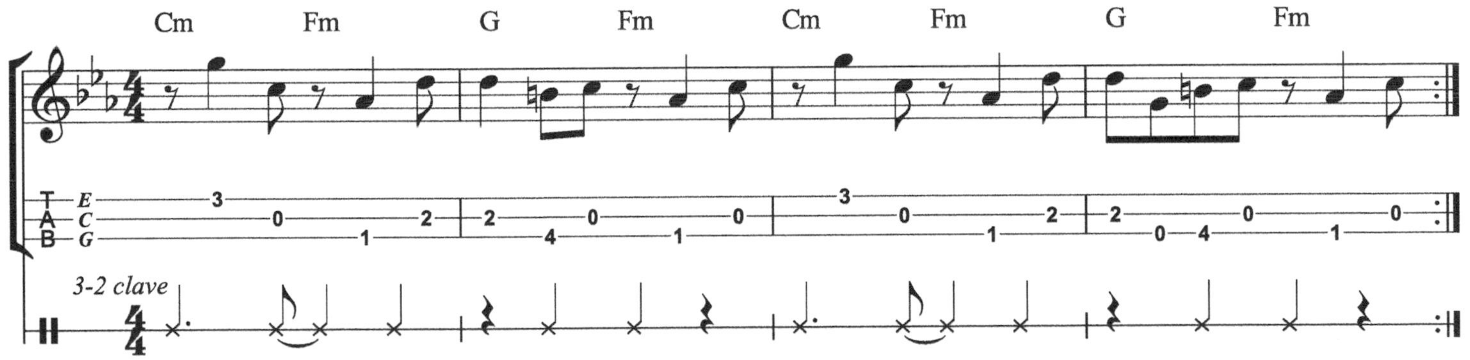

Cm Fm G Fm Cm Fm G Fm

3-2 clave

27. Piano Montuno 12

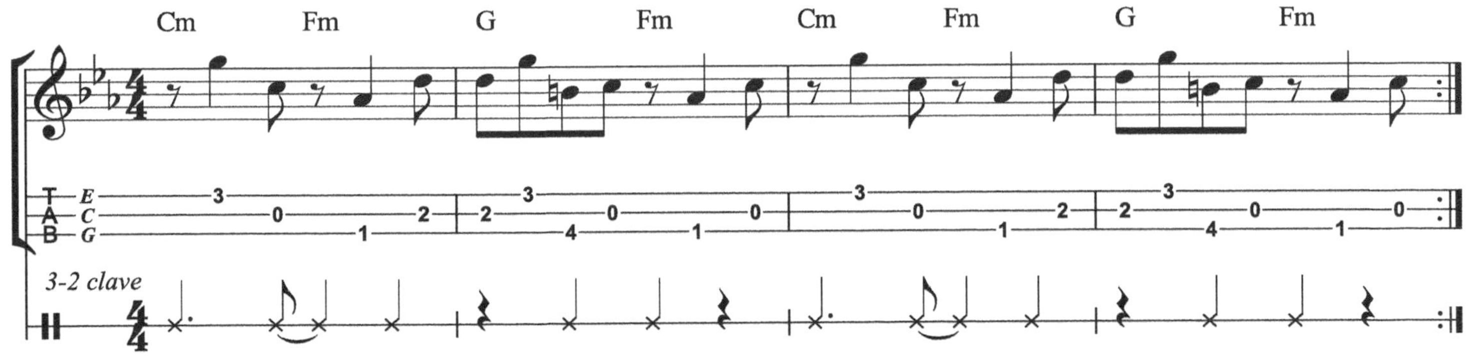

Cm Fm G Fm Cm Fm G Fm

3-2 clave

Style Examples

Ejemplos de estilos

Nengón

28. Nengón 1

29. Nengón 2

30. Nengón 3

Changüí

31. Changüí 1

32. Changüí 2

33. Changüí 3

An Ending: *Un final:*

34. Changüí Ending

Kiribá

35. Kiribá

Sucu Sucu

First, the pattern in F:

Primero el patrón en Fa:

36. Sucu Sucu 1

The same pattern in C:

El mismo patrón en Do:

37. Sucu Sucu 2

In minor:

En menor:

38. Sucu Sucu in Gm

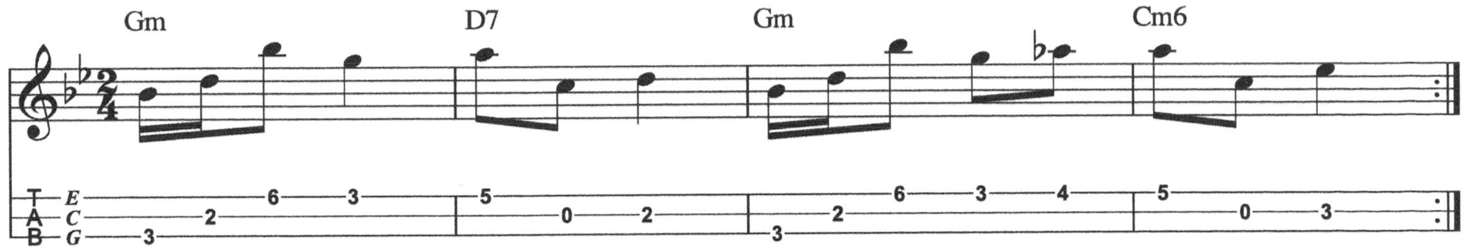

Tonada

39. Tonada 1

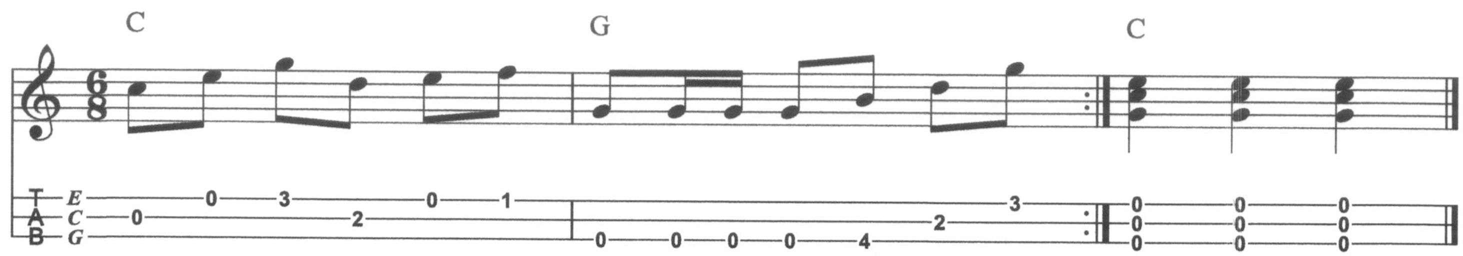

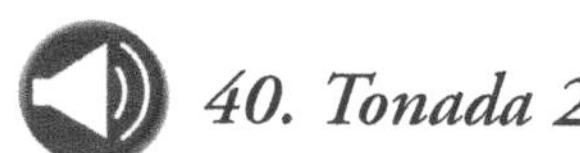

40. Tonada 2

Punto Libre

41. Punto Libre in G

And in C:

Y en Do:

42. Punto Libre in C

Another example:

Otro ejemplo:

43. Yo Soy Guajiro

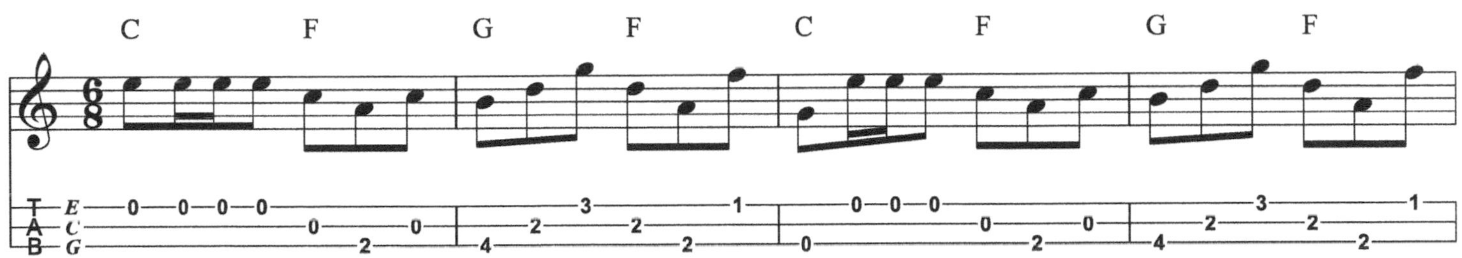

Parranda

44. Parranda 1 in F# Minor

45. Parranda 2 in E Minor

Cha-Cha-Chá

46. Cha-cha-chá 1

47. Cha-cha-chá 2

Mambo

48. Mambo 1

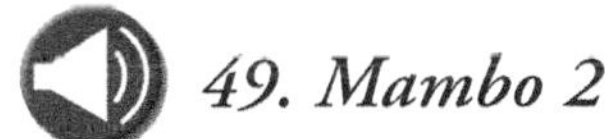

49. Mambo 2

Son

50. Son Guanaja

A typical I–IV–V progression:

Una progresión I–IV–V típica:

51. Son (de la Loma)

In E♭:

En Mi♭:

52. Son in E♭

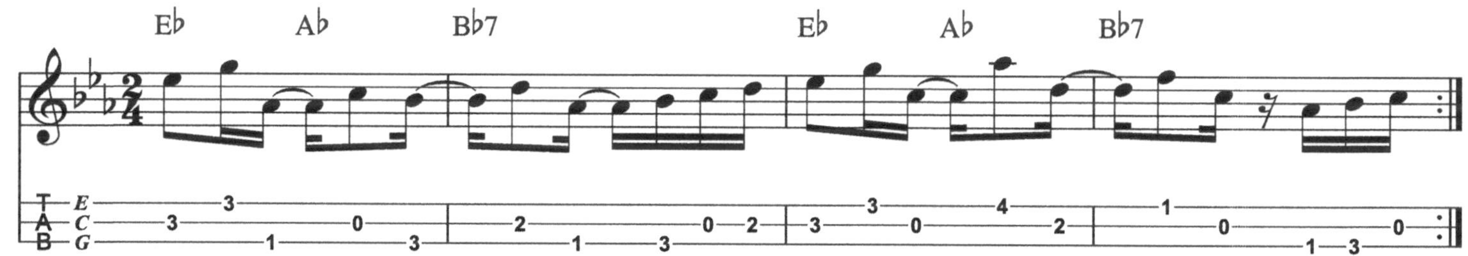

In minor:

En menor:

53. Son El Yuma

The following can also be played without the repeats, as they are variations on the same theme. These also have more of a *changüí* feel even though they are really *sones*.

Los siguientes ejemplos se pueden tocar también sin las repeticiones, ya que son variaciones sobre un mismo tema. Éstos se sienten más como changüíes *aunque en realidad se trata de* sones.

54. Son in Am 1

55. Son in Am 2

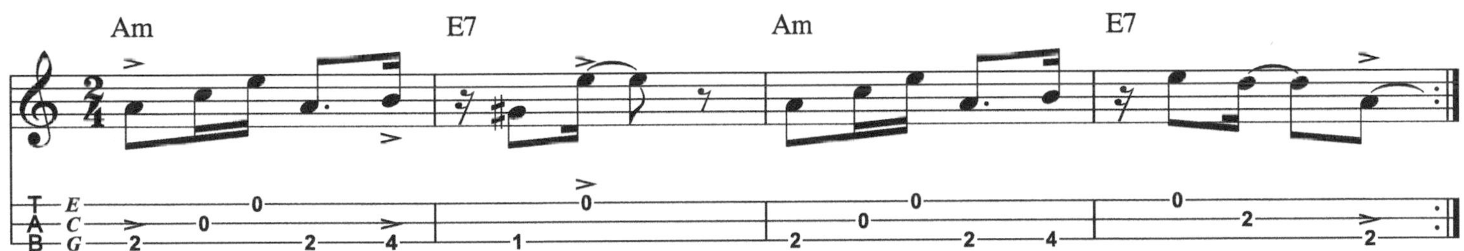

56. Son in Am 3

57. Son in Am 4

58. Son in Am 5

Another one in A minor: *En La Menor:*

59. Son de Guantánamo

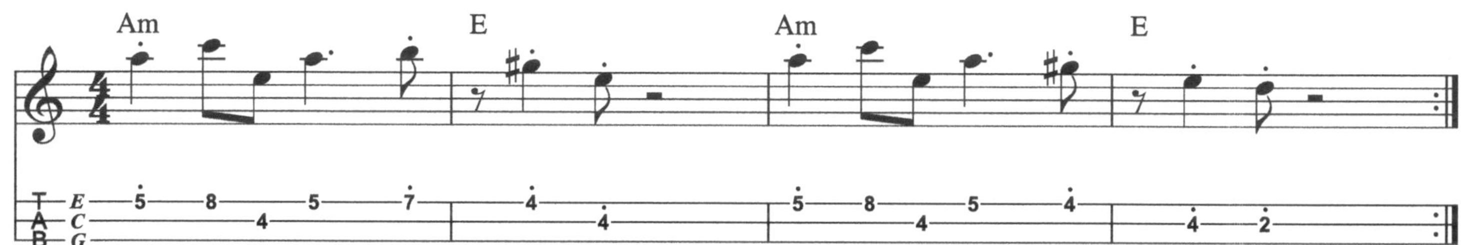

Son Guajiro

60. Guantanamera in C

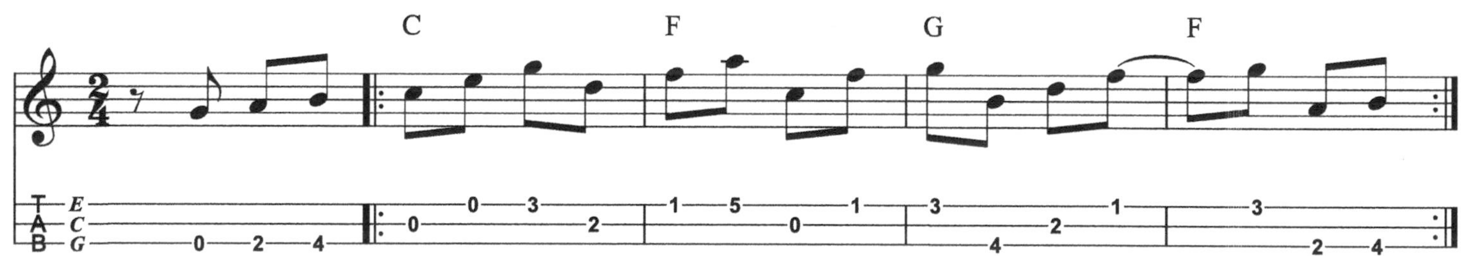

61. Guantanamera in G 1

Another one in G:

Otra en Sol:

62. Guantanamera in G 2

An alternate fingering:

Una digitación opcional:

Guantanamera in G 3

In minor:

En menor:

63. Guajiro Son

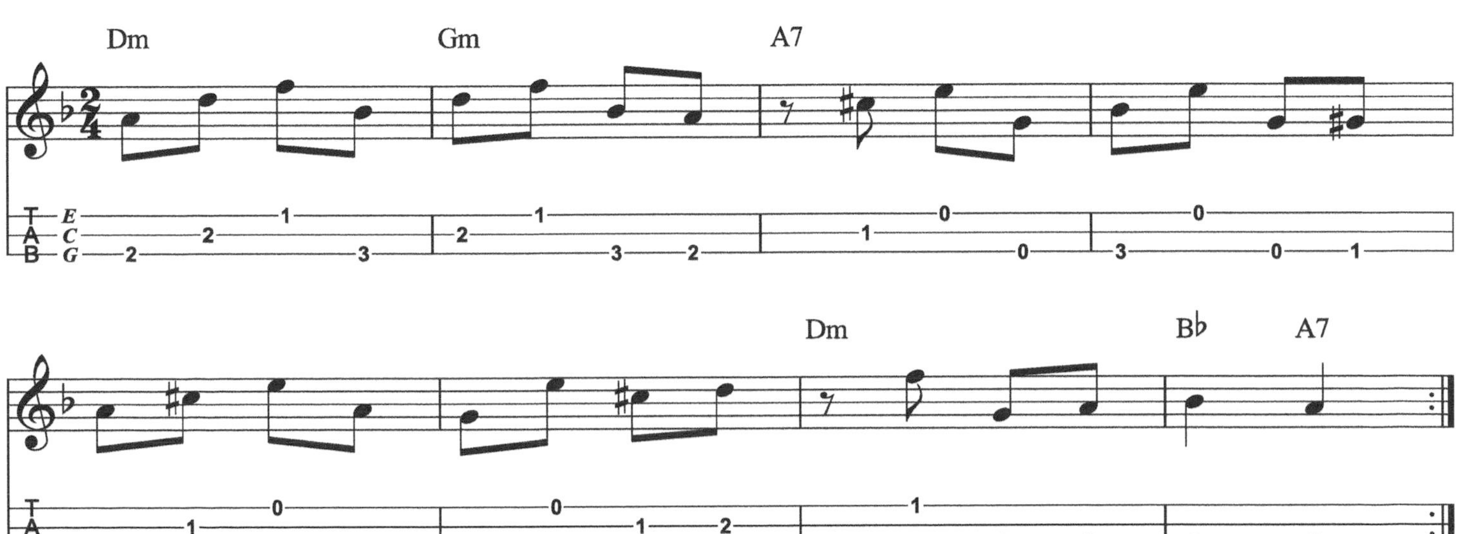

Appendix A: Clave

About Clave

The importance of clave in Cuban music cannot be overemphasized. It has been said that without clave there can be no folkloric, Afro-Cuban, or even popular Cuban music. This should not be misunderstood as the instrument —although the clave (rhythm) is performed on the *claves* (instrument). It is paramount that you understand clave from not only an intellectual point of view, but also from a physical point of view (where it is felt on a subconscious level) in order to play Cuban music.

Just as a jazz player instinctively knows that eighth notes are "swung," a Cuban musician instinctively knows and plays "in clave." The best way to "feel" clave is to listen to a lot of music from Cuba. I have included an annotated discography to help you understand the subtlety of clave.

Understanding the percussion parts will help immensely in your study of Cuban music in general and the tres in particular. Therefore, I will present this appendix on clave with musical examples that may only include percussion. (The reason for this is that some of the historical folkloric styles only include percussion and have been adapted later for other instruments.)

History of Clave

Clave came from Africa and was originally in 6/8 meter.

Apéndice A: Clave

Acerca de la Clave

No se puede exagerar la importancia de la clave en la música cubana. Se ha dicho que sin la clave no habría música folclórica, afrocubana o incluso música popular cubana. Esto no debe de confundirse con el instrumento, ya que la clave (ritmo) se toca con la clave (instrumento). Es fundamental que se entienda la clave no sólo desde un punto de vista intelectual, sino de un punto de vista físico (donde se siente en un nivel del subconsciente) para tocar música cubana.

Así como el artista de jazz *de forma instintiva toca las corcheas con* swing*, un músico cubano instintivamente sabe y toca en* clave. *La mejor manera de* sentir *la clave es escuchando mucha música Cubana. Incluyo una discografía para ayudar a comprender la sutileza de la clave.*

La comprensión de las partes de percusión ayudará inmensamente en el estudio de la música cubana en general y particularmente del tres. Por lo tanto, se presenta este apéndice sobre la clave con ejemplos musicales que pueden incluir únicamente percusión. La razón de esto, es que algunos de los estilos folclóricos históricos sólo incluyen percusión y se han adaptado después a otros instrumentos.

Historia de la clave

La clave vino de África y originalmente tenía un compás de 6/8.

Clave 1

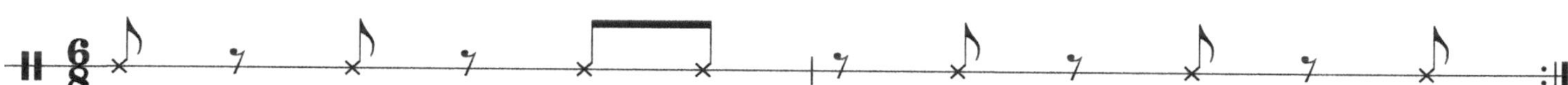

It then morphed into 2/2 and eventually 4/4. Most charts in Cuba for *son* are still written in 2/4, but more modern styles, such as *cha-cha-chá*, are written in 4/4.

The following is a "2-3" clave, denoting the number of notes in each measure.

Después se transformó a 2/2 y finalmente a 4/4. La mayoría de la partituras en Cuba para son *todavía se escriben en 2/4, aunque los estilos más modernos, como el* cha-cha-chá, *se escriben en 4/4.*

La siguiente es una clave de 2-3, que denota el número de notas en cada compás.

Clave 2

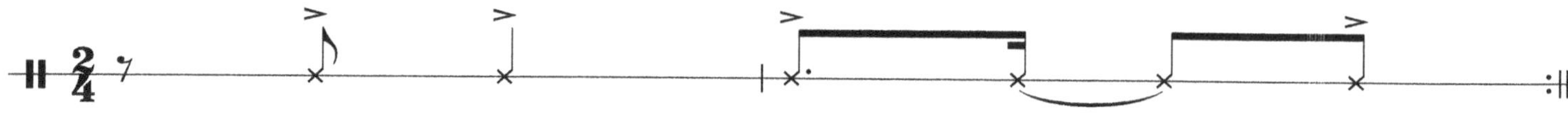

It can also be played in reverse, and is called a "3-2" clave.

Se puede tocar también de forma inversa y se llama clave de 3-2.

Clave 3

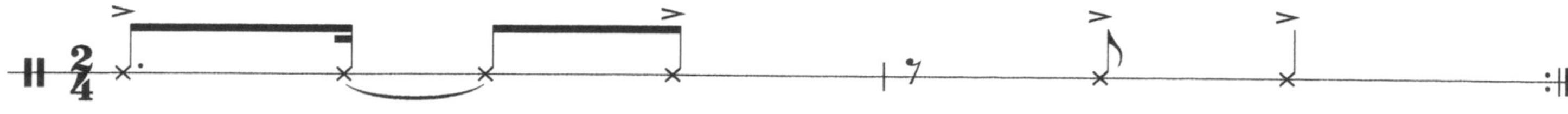

Also note that clave is written with long notes for ease of reading. You should realize that, being percussive, the notes are actually short.

The following are some examples of clave, written in contemporary notation.

Se puede observar también que la clave se escribe con notas largas para facilitar su lectura. Debe notarse, que al tratarse de percusión, las notas que se tocan son cortas.

Los siguientes son ejemplos de clave escritos con la notación contemporánea.

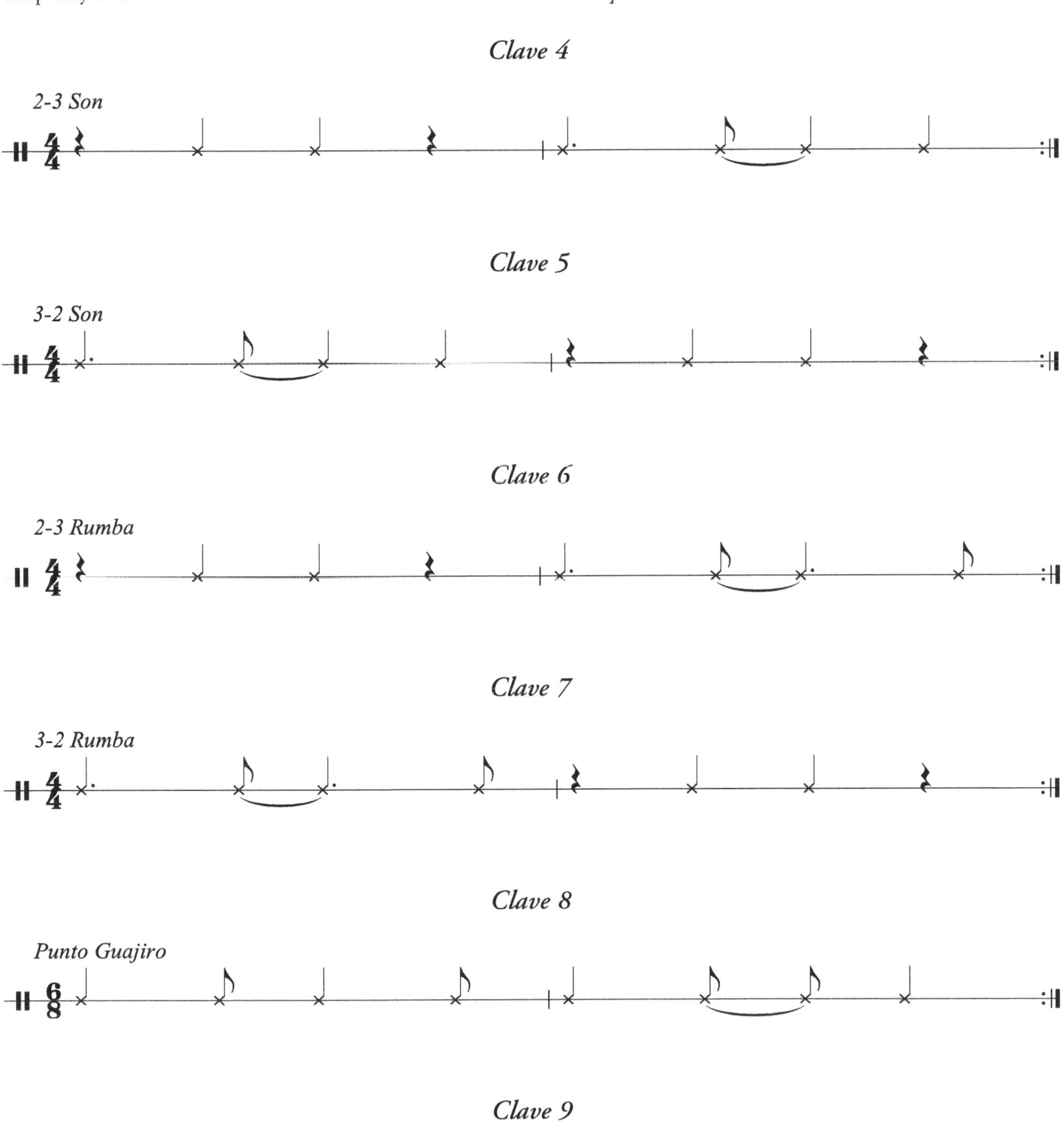

Appendix B: Ensemble Styles

Apéndice B: Estilos de conjuntos

The following are some style examples with all the relevant instruments notated. You can use these to study the interaction between the tres and the other instruments, as well as to follow along with the clave.

Los siguientes son algunos estilos con sus instrumentos más relevantes anotados. Estos ejemplos pueden usarse para estudiar la interacción entre el tres y los otros instrumentos, así como para seguir a la clave.

Percussion Key

Anotación de la percusión

Güiro, Guayo:

↓ – Downstroke
↑ – Upstroke

Güiro, guayo:

↓ – *rasgueo hacia abajo*
↑ – *rasgueo hacia arriba*

Bongó:

Ft – Fingertips
F – Finger
Th – Thumb
O – Open
High drum (macho) is above line.
Low drum (hembra) is below line.

Bongós:

Y – yemas de los dedos
D – dedo
P – pulgar
O – al aire
Tambor macho está sobre la línea.
Tambor hembra está por debajo de la línea.

Conga:

H – Heel
T – Fingertips
S – Slap
O – Open
High drum (macho) is above line.
Low drum (hembra) is below line.

Conga:

T – talón
Y – yemas de los dedos
P – palmada
O – al aire
Tambor macho está sobre la línea.
Tambor hembra está por debajo de la línea.

Timbales:

Timbales:

Timbale Legend

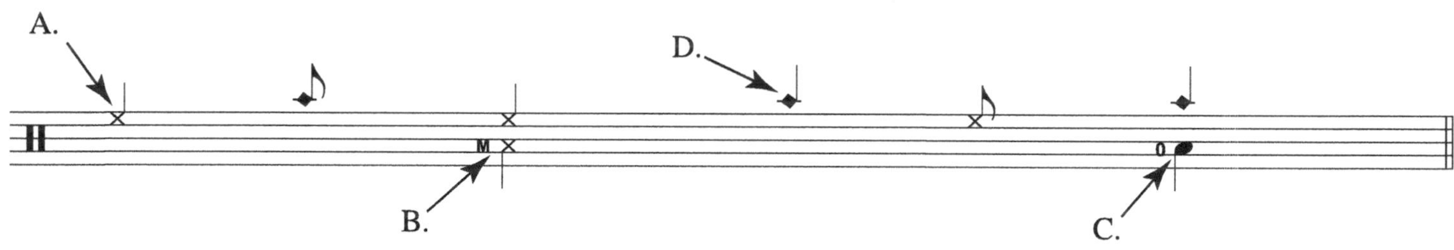

A. side of timbale with stick
B. muffled tone on head w/ fingers
C. open tone on head w/ fingers
D. cha bell

A. a lado de paila con palo
B. tono en la cabeza con dedos
C. tono abierto en la cabeza con dedos
D. campana de cha-cha-cha

Son

64. Son Ensemble

Son ♩ = 75

Tres

F Bb C Bb F Bb C Bb

Guitar

Bass

Clave

Maracas

R L R L R L R L R L R L

Bongos

L L R L L L R L

Sucu Sucu

65. Sucu Sucu Ensemble

Tres

F C7

E 1 1 0 0
C 0 0 0 0 2 0 0 0 2 0 0 0 2 0 0 0 2 0 0
G 2 2 3 3

Bass

Campana

Maracas

Congas

O O S H F S H F S H F O O S H F S H F S H F

Bongos

O O O O O O O O O O O O O O O O O O O O

Son Guajiro

This shows what is expected when someone says play a *guajira.*

Esto muestra lo que normalmente se espera cuando alguien toca una guajira.

66. Son Guajiro Ensemble

Tres

C F G7 F

Bass

Clave

Maracas

Bongos

Ft F F Th Ft F O Th Ft F F Th Ft F O Th

Nengón

The following is a demonstration of *nengón* played in a modern ensemble.

El siguiente es un ejemplo de nengón *tocado en un conjunto moderno.*

67. Nengón Ensemble

Tres

B♭

F

Marimbula

Bongo

Clave

Note that the marímbula is an approximated part, as traditionally there were no specific pitches due because the marímbula wasn't invented yet!
Also, the clave part was often performed on a bell.

Observe que la marímbula es una parte aproximada, ya que tradicionalmente no había tonos concretos porque ¡aún no se había inventado la marímbula!
Además, la parte de la clave a menudo se tocaba con una campana.

Kiribá

68. Kiribá Ensemble

Changüí

69. Changüí Ensemble

Descarga

Note that the conga part is played on two drums. Also, you can repeat the first one-drum pattern as well.

Observe que la parte de la conga se toca con dos tambores. Además, también se puede repetir el primer patrón de un solo tambor.

70. Descarga Ensemble

Tres Cm7 F B♭ F

T E 3 1 1 1
A C 3 2 2
B G 3 3 2 2 0 0

Bass

Timbales
M O M O

Congas
H T S T H T O O H T S O O T O O

Bongos
Ft F F Th Ft F O Th Ft F F Th Ft F O Th

Güiro

Claves

Punto Guajiro

71. Punto Guajiro Ensemble

Appendix C: Construction

The typical *tres cubano* is a mango-shaped instrument from the guitar family that evolved in Cuba. Commonly it is called "*el tres*," but is also referred to as "*tres por seis*" or "*guitarra tres*." It is strung with three courses of metal strings. Each course usually has two strings each, which are tuned in unison or octaves. Occasionally, instruments are strung with single strings or courses of three strings each. While the mango or pear shape is most prevalent, many *tres cubanos* are shaped like small guitars or cutaway *requinto guitars*.

In Cuba, these instruments were traditionally made one at a time by instrument makers who were largely self-taught. In recent years, workshops in Spain (e.g., Guitarras Esteve) have been making high-quality production and fine artisan *tres cubanos*. Mexico and some Asian countries have started making production instruments also. While a few workshops outside Cuba are now producing instruments, for many years it was nearly impossible for potential players to acquire an authentic or really playable *tres cubano*. The typical solution was to adapt a standard acoustic guitar or a Spanish guitar by respacing the strings and using a capo on the 4th or 5th fret to reduce the string length.

While the tres exists in many forms and sizes, the typical modern (mango-shaped) instrument has a(n):

- soundboard of spruce or western red cedar
- back and sides of mahogany, mongoy (ovankol), or rosewood
- neck of Spanish cedar or mahogany
- fingerboard of rosewood or ebony
- string length of 535 to 540 mm
- body length of 450 mm
- lower bout of 340 mm
- waist of 250 mm
- upper bout of 240 mm
- body depth of 100 mm
- soundboard and back thicknesses of 2.5 to 3.0 mm
- fan bracing with three, six, or nine struts
- nut width of 42 to 48 mm
- neck which joins the body at the 10th or 12th fret
- rosette made of wooden mosaic
- pickguard of clear or colored plastic
- tailpiece attached to the base of the instrument for tying on strings

At the time of writing these few paragraphs there exists very little convincing historical or descriptive literature on the tres cubano. It is unclear when the tres achieved its own identity in Cuba distinct from its European ancestors. One French work (*Guitares hispano-américanes*, by Bruno Montanaro, 1983, Édisud. pp 161-163) discusses the sixteenth-century *bandola* and the later *bandurria* as the ancestors of the tres. Maybe there is a vague historical link, but such genealogical information does not really give us insight into the particular Cuban character of the tres or its early use in Cuban popular music. The most helpful authoritative source I know of at this time is eleven pages

Apéndice C: Construcción

El tres cubano *típico es un instrumento en forma de mango de la familia de la guitarra que se desarrolló en Cuba. Se le conoce comúnmente como* el tres, *pero también se le refiere como* tres por seis o guitarra tres. *Se encorda con tres grupos de cuerdas de metal. Cada grupo tiene dos cuerdas, que se afinan al unísono o en octavas. Ocasionalmente, los instrumentos se encordan con cuerdas sencillas o con grupos de tres cuerdas. Aunque la forma más usual es la de mango o pera, muchos* tres cubanos *tienen la forma de pequeñas guitarras o guitarras de* requinto *(con un diapasón recortado).*

En Cuba, estos instrumentos se fabricaban tradicionalmente de uno en uno por constructores de instrumentos que eran autodidactas en su mayoría. En años recientes, algunos talleres de España (por ejemplo, Guitarras Esteve) han producido tres cubanos artesanales de alta calidad. México y algunos países de Asia han comenzado también a producir instrumentos. Aunque algunos talleres fuera de Cuba producen instrumentos en la actualidad, durante muchos años era casi imposible adquirir un tres cubano auténtico o suficientemente bueno como para tocarlo. La solución típica era adaptar una guitarra acústica normal o una guitarra española añadiendo espacio entre las cuerdas y usando una cejilla en el 4º o 5º traste para reducir la longitud de las cuerdas.

Aunque los tres existen de varias formas y tamaños, el instrumento típico moderno (en forma de mango) tiene los siguientes elementos:

- *tapa de abeto o cedro rojo occidental*
- *parte trasera y lados de caoba, mongoy (ovankol) o palo de rosa*
- *mástil de cedro español o caoba*
- *diapasón de palo de rosa o ébano*
- *longitud de las cuerdas de 535 a 540 mm*
- *longitud del cuerpo del instrumento 450 mm*
- *curva inferior de 340 mm*
- *cintura de 250 mm*
- *curva superior de 240 mm*
- *profundidad del cuerpo de 100 mm*
- *tapa de sonido y grosor de parte trasera de 2.5 a 3 mm*
- *tres, seis o nueve varillas interiores*
- *ancho del hueso de 42 a 48 mm*
- *el mástil que se une al resto del instrumento al 10mo o 12vo traste*
- *rosetón hecho de mosaico de madera*
- *protector de plástico transparente o de color*
- *ancla en la base del instrumento para atar las cuerdas*

En el momento de escribir estos pocos párrafos existen escasas publicaciones históricas o descriptivas sobre el tres cubano. *No se sabe con exactitud cuándo adquirió su propia identidad cubana diferenciandose así de sus antecesores europeos. Un trabajo francés (*Guitares hispano-américanes, *escrito por Bruno Montanaro, 1983, Édisud. Pág. 161-163) describe la* bandola *del siglo XVI y la posterior* bandurria *como los antepasados del tres. Quizá exista una vaga conexión histórica, pero dicha información genealógica realmente no nos proporciona conocimientos sobre el carácter particular del tres cubano o su uso al principio de la música popular cubana. La fuente de ayuda de mayor autoridad que conozco de la época actual son* in Volume II of a work entitled *Instrumentos de la Música Folclórico-Popular de Cuba,* from Centro de Investigacíon y Desarrollo de la Música Cubana published by Editorial de Ciencias Sociales, La Habana (Cuba), written by Victoria Eli Rodriguez et al., published in 1997.

I hope some reader of these words will devote time to studying and writing about the early history of the tres.

Ronald Louis Fernández, Ph.D.
Fernández Music
www.fernandezmusic.com

once páginas del Volumen II de una obra titulada Instrumentos de la Música Folclórico-Popular de Cuba, *del Centro de Investigación y Desarrollo de la Música Cubana publicado por la Editorial de Ciencias Sociales, La Habana (Cuba), escrito por Victoria Eli Rodríguez et al., publicado en 1997.*

Espero que algún lector de estas palabras dedique tiempo a estudiar y escribir sobre la historia antigua del tres.

Ronald Louis Fernández, Ph.D.
Fernández Music
www.fernandezmusic.com

Appendix D: Suggested Listening

As a tres player it is always useful to listen to all styles of Cuban Music as many elements of these styles are:

For a broad overview, my four-CD series:
Official Retrospective of Cuban Music
UPC 758661930326
Available Worldwide

Specific examples:
From Ban Rárra, *May* (1-1112-02)
UPC 803583111121
Available at www.salsablanca.com

Son: Guanaja, De Guantánamo
Son Montuno: El Yuma Cambia a la Gente
Nengón: Nengón (with *changüí* ensemble)
Changüí: Mayombe (with *changüí* ensemble)
Cha-cha-chá: Rico Vacilón
Mambo: Mambo
Conga Oriental: Conga Oriental (Guantánamo style)
Guaracha: El Cuarto de Tula (many sources)

Apéndice D: Discografía

Como tresero *es muy útil escuchar todos los estilos de la música cubana. Muchos elementos de estos estilos pueden encontrarse en las siguientes fuentes:*

Mi serie de cuatro CD para un repaso amplio:
Official Retrospective of Cuban Music
UPC 758661930326
Disponible en todo el mundo

Ejemplos concretos:
de Ban Rárra, May (1-1112-02)
UPC 803583111121
Disponible en www.salsablanca.com

Son*: Guanaja, De Guantánamo*
Son Montuno*: El Yuma cambia a la gente*
Nengón*: Nengón (sin conjunto de changüí)*
Changüí*: Mayombe (con conjunto de changüí)*
Cha-cha-chá*: Rico vacilón*
Mambo*: Mambo*
Conga Oriental*: Conga Oriental (estilo Guantánamo)*
Guaracha*: El cuarto de Tula (muchas fuentes)*

About the Author

Jon Griffin was born in Los Angeles, California, and began playing music at seven years old. He first became interested in Cuban music while studying arranging, composing, and songwriting at the Grove School of Music in California. Jon continued his studies in Havana, Cuba, with Julian Fernandez (Moncada, Irakere) and Dr. Olavo Alén Rodríguez. He has also done extensive research at CIDMUC—Centro Investigación y Desarrollo de la Música Cubana (Center for the Exploration and Development of Cuban Music).

In addition, Jon has recorded with Richard Egües, Enrique Pla, Cesar López, Alfred Tompson, Ángel Bonne, Emilio Vega, Giovanni Cofiño, Roberto Garcia, José Antonio Rodríguez, Yunior Terry, Yosvanny Terry, and Ban Rárra.

Sobre el autor

Jon Griffin nació en Los Angeles, California y se adentró en el mundo de la música a los siete años. Su interés por la música cubana nació como resultado de sus estudios en arreglo, composición y creación de canciones en la escuela Grove School of Music en California. Jon continuó sus estudios en La Habana, Cuba, con Julián Fernández (Moncada, Irakere) y el Dr. Olavo Alén Rodríguez. Se ha dedicado extensamente a la investigación en el CIDMUC—(Centro de Investigación y Desarrollo de la Música Cubana).

Jon además ha grabado con Richard Egües, Enrique Pla, Cesar López, Alfred Tompson, Ángel Bonne, Emilio Vega, Giovanni Cofiño, Roberto García, José Antonio Rodríguez, Yunior Terry, Yosvanny Terry, y Ban Rarra.

Maestro Tresero Leonel J. "Guajiro" González with Jon Griffin